그림책이 마음을 불러올 때

그림책이
마음을
불러올 때

이숙현 글 쓰고 마음 나눔

열린어린이

...

그림책이 아니었다면
놓치며 살았을지도 모르는 마음들.
떨리는 마음으로 당신과 나눕니다.

차례

하나. 함께, 봄 여름 갈 겨울

이제 곧 이제 곧, 봄 ⋯ 10
『이제 곧 이제 곧』『까불지 마』

아이들아 봄꽃들아 ⋯ 19
『겨울눈아 봄꽃들아』『빨간꽃 초록잎』『꽃이 핀다』

달콤 짭짤, 새로운 목욕 ⋯ 29
『지옥탕』『장수탕 선녀님』『달콤한 목욕』

더운 날 잊지 말아요, 안녕! ⋯ 38
『냠냠 빙수』『사라지는 동물 친구들』『안녕! 만나서 반가워』

마법의 여름, 여름 방학 사용 설명서 ⋯ 48
『맴』『최고로 멋진 놀이였어!』『마법의 여름』

나와 달님, 그리고 우리들의 한가위 ⋯ 57
『호랑나비와 달님』『더도 말고 덜도 말고 한가위만 같아라』『분홍 토끼의 추석』『달이네 추석맞이』

가을날, 콩으로 메주 쑤며 웃음꽃 활짝! ⋯ 66
『가을을 만났어요』『세 엄마 이야기』『가을이네 장 담그기』

여럿이, 더불어, 따듯하게 겨울나기 ⋯ 75
『탄 빵』『두근두근』『팥죽 호랑이와 일곱 녀석』

두울. 반짝반짝, 우리가 자랄 때

햇빛에 짠, 우리는 자라요 … 86
『나뭇잎 마술』『나는 자라요』

생각을 켜고, 오 예, 평화! … 94
『생각이 켜진 집』『간질간질』『평화 책』

대단한 아이들에게, 모두 박수! … 104
『대단해 대단해!』『난난난』『위대한 건축가 무무』

상상씨를 삼킨 날 … 113
『수박씨를 삼켰어!』『깜빡하고 수도꼭지 안 잠근 날』『헤엄치는 집』『수박 수영장』

쉬이잇! 조용! 책 읽고 생각 중 … 122
『책이 꼼지락꼼지락』『책 읽는 유령 크니기』『쉬이잇! 조용! 책 읽거든!』

고구마 캐며 즐거운 놀이, 뿡! … 131
『고구마 버스』『고구마구마』『고구마 방귀 뿡!』『아주 아주 큰 고구마』

나온다, 나와! 쑥, 쑥쑥! … 140
『가래떡』『커다란 순무』『작은 배추』

혼자가 아닌 우리, 다음, 야호! … 149
『시작 다음 Before After』『야호, 우리가 해냈어!』

세엣. 고마워, 더불어 사랑해!

그림책이 마음을 불러올 때 … **160**
『우리 서로 사랑할 때에』, 『수많은 날들』, 『날마다 멋진 하루』

꼭 이루어져라, 뿅! … **170**
『웃음은 힘이 세다』, 『세상에서 가장 소중한 너에게』, 『내일은 꼭 이루어져라』

창문을 활짝 열며 … **179**
『아침에 창문을 열면』, 『한밤의 선물』

약속해 줄래요? … **188**
『나 때문에』, 『절대 보지 마세요! 절대 듣지 마세요!』, 『엄마의 선물』

행복한 엄마, 울트라 얍! … **197**
『너 왜 울어?』, 『행복한 엄마 새』, 『울트라 비밀 권법』, 『방긋 아기씨』

사랑해, 함께한 모든 발걸음, 정말 멋져! … **206**
『발걸음』, 『이렇게 멋진 날』, 『언제까지나 너를 사랑해』

아슬아슬, 친구에게 그리고… … **216**
『변신! 아슬아슬 가면!』, 『친구에게』

좋아해! 때로, 다시 만나! … **226**
『무슨 일이든 다 때가 있다』, 『좋아해』, 『우리는 언제나 다시 만나』

작가의 말_마음으로 엮은 이야기 꽃다발 건네며 … **236**

하나.

함께,
봄 여름 갈 겨울

🌱 이제 곧 이제 곧, 봄

> 보보가 떨어질세라 손바닥을 받쳐 주고
> 그저 묵묵히 곁에서 지켜봐 주었던 곰.
> 그처럼 우리 아이들을 만나고 싶습니다.

『이제 곧 이제 곧』 오카다 고 글, 오카다 치아키 그림, 김소연 옮김 | 천개의바람 | 2016년
『까불지 마!』 강무홍 글, 조원희 그림 | 논장 | 2015년

...

만나기 전부터 기다렸다. 한 번 들은 제목이 자꾸 생각났다. 이제 곧 이제 곧. 짧은 네 마디를 혀 위에 올리고 가만히 굴리면 바람이 채워지는 듯 가슴이 부풀었다. 때로는 노래 같아 흥얼거렸고, 때로는 겨드랑이 간질이는 보드라운 손짓 같아 나도 모르게 웃음이 났다. 아직 오지 않은 시간을 부르는 마법의 주문 같은 말, 이제 곧 이제 곧. 아니나 다를까. 어느 날 소리 없이, 그림책 『이제 곧 이제 곧』이 내게로 왔다.

숲은 조용히 봄이 오기를 기다리고 있습니다.
숲 속에는 토끼 가족이 살고 있지요.
토끼 형제 중 막내 보보는 봄이 어떤지 아직 잘 모릅니다.

눈 가득 쌓인 숲속 풍경 보여 주는 면지를 지나 곧바로 제목 화면부터 이야기가 시작된다. 토끼 사 형제가 눈밭에 작은 발자국 새기며 독자들을 향해 다가오고 있다. 딱 봐도 막내가 누군지 알겠다. 맨 뒤에, 몇 발자국 떨어져서 손 뻗고 있는 작은 토끼. 막내 보보가 틀림없다. 눈길이 보보에게 닿자마자 새 학기에 처음 만나는 아이들이 떠오른다. 그림책 글이 다시 읽힌다.

새 학기 앞두고 미리 마음 맞추는 날 학부모 예비 소집일, 챙겨 놓은 『이제 곧 이제 곧』에 빛을 쏘아 화면에 펼쳤다. 빛 그림이 되었다. 보보 이야기를 들려 드리고 싶었다. 목소리를 가다듬고 그림책을 읽었다.

"봄이 뭐야? 어떤 건데?"
"봄이 오면 눈이 녹고 새잎이 나고, 초록색이 가득해져."
엄마는 따뜻한 코코아를 따라 주며 말했지요.
"봄은 아주 따뜻하단다."

마이크로 흘러들어 간 목소리가 스피커를 타고 흘러나와 강당에 울려 퍼졌다. 나는 가슴이 콩콩 뛰었다. 내가 보보가 된 것 같았다. 이른 아침, 가장 먼저 잠이 깬 보보가 둥, 둥, 발소리를 듣고 살그머니 집을 빠져나온다. 그러다 맞닥뜨린 아주 커다란 곰. 목소리가 떨렸다.

"아… 안녕하세요."
보보 입에서 하얀 입김이 뿜어져 나왔어요.
"저… 나는 봄이 오기를 기다리고 있었어요. 봄이 오면 높은 가지에 올라갈 수 있거든요. 그러면 바다도 보이고요."

뺨이 달아올랐다. 작아졌던 목소리가 조금씩 커졌다. 스크린 위로 좋아하는 장면이 이어졌다. "아저씨가 봄이에요?"라고 묻는 보보에게 곰이 빙그레 웃으며 손 내미는 장면. 이제껏 오르지 못했던 나무, 높다란 가지 위에 올라선 보보가 저 너머 밝게 빛나는 해님을 바라보는 장면. 입을 마이크에 바싹 갖다 댄 것도 잊고, 나도 모르게 나지막한 소리를 냈다. "우아…!" 그림책을 처음 봤을 때 내 귓가에 스친 소리였다.

보보를 바라보는 곰의 목덜미와 등허리에 어룽거리는 아침 해. 그 따스한 기운이 보보가 선 나뭇가지를 환히 밝히고 있다. 작고 어린 보보의 발, 다리, 팔, 이마, 귀, 무엇보다 두 뺨을 발갛게 물들이고 있다. 벌어진 입술 사이로 새어 나온 보보의 탄성이 따사로운 아침 해와 맞닿았을 장면. 보이지 않아도 보이는 것만 같은, 저 너머의 아침 해. 순간, 같은 곳을 바라보며 나란히 앉아 있는 소중한 인연들을 둘러보며 마음이 벅차올랐다.

뒤이어 펼쳐지는 그림에는 눈 덮인 숲 건너편 끝, 연한 초록으로 물들어가는 땅 위로 이제 막 솟아오른 아침 해가 온 둘레를 밝히고 있다. 목소리가 들떴다. 발개진 얼굴로 나는 힘주어 말했다.

"나, 알고 있어요.
봄이 오면 초록으로 변하는 거 말이에요."

커다란 몸을 수그리고 보보와 악수를 나누는 곰. 날마다 허리 구부리고 때로 무릎 꿇고 아이들과 눈 맞추는 선생님들 몸짓과 꼭 닮았다. 보보는 곰에게 또 올 거냐고 물으며 이제껏 듣기만 했던 그 말, '이제 곧'을 자기가 직접 내뱉는다.

"나는 이제 곧 자랄 거예요.
그러면 더, 더 높이 뛸 수 있어요!"

새싹 움트는 봄과 닮은, 반가운 소리. 추운 곳 찾아 다시 길 떠나는 곰과 헤어진 보보는 힘차게 집으로 달려간다. "엄마, 나 봄을 만났어요!"라고 소리치며 집으로 들어서는 모습은 맨 처음 제목 화면에서보다 커 보인다. 뒷면지에는 연한 초록으로 물든 숲의 풍경이 가득 담겨 있다. 봄, 봄, 봄이 온 것이다!

기쁜 마음으로 면지를 덮으면 눈밭에 나란히 모여 있는 토끼 사형제를 다시 만난다. 눈밭 한가운데 눈 사이를 비집고 피어난 노란 꽃도 보인다. 보보가 발견한 모양이다. 만세 하듯 두 팔 올린 보보가 신나서 이야기하고 있다. 형들은 꽃과 보보를 쳐다보며 놀라고 있다. 어우러져 번지는 기쁘고 설레는 마음, 참 좋다.

한 권 더 챙겨 놓은 그림책 『까불지 마!』도 펼쳤다. 앞표지를 보자마자 부모님들이 웃음을 터뜨린다. 히이이잉- 우렁찬 소리가 들리는 것 같은 말馬의 모습과 독특한 디자인의 제목 글자, 그리고 독자를 힘 있게 끌어당기는 강렬한 바탕 그림. 특히, 말갈기와 꼬리, 주인공 아이 몸에 두른 망토와 투구 장식, 말과 연결된 고삐까지 붉은색으로 맞춤한 덕분인지 활기찬 기운이 느껴진다. 나는 침을 꼴깍 삼키고, 당차게 소리쳤다. "까불지 마!" 신기하게 온몸이 찌릿, 기분이 짜릿하다.

이 책을 처음 만났을 때도 그랬다. 제목 글자를 손끝으로 가만히 만졌을 때, 전기가 흐르듯 손끝을 움찔하게 하는 뭔가가 있었다. 그러고 보니, 이 제목이 반갑고도 놀라운 이유가 있다. '어쩌면 이런 일이!' 하면서 주고받은 이야기가 있다.

봄과 여름 사이 어느 날이었다. 유치원으로 전화 한 통이 걸려왔다. 아이가 갑자기 안 하던 말을 한다는 것이다. 말하는 태도도 걱정스럽기 짝이 없단다. 처음엔 아이가 일곱 살 형님이 자꾸만 그 말을 한다며 무섭고 속상하다고 하더니, 언젠가부터 그 말을 엄마 아빠한테 한다는 것이다. 말하는 눈빛이며 얼굴 표정도 이제껏 본 적 없는, 낯선 것이어서 당황스럽단다. 그 말은 바로… '까불지 마!'였다. 알고 보니, 한 집만이 아니었다. 다른 집에서도 '까불지 마!'를 만났다고 했다. 우리는 '까불지 마!'가 언제 어디서 나타나 어떻게 움직였는지 말의 자취를 더듬었다. 꼬리를 잡기까지 오래 걸리지는 않았다. 생각보다 단순했다.

다섯 살 동생이 일곱 살인 자신을 못 알아보고 또래 대하듯 구는 걸 못 참은 아이가 불러온 말이었다. 다섯 살부터 일곱 살까지 적지 않은 아이들이 북적북적 지내는 유치원 생활. 처음 온 아이들은 누가 누군지 모르니 놀이할 때 내키는 대로 아무 말이나 했을 것이다. 조금만 헤아려보면 아주 자연스러운 일이다. 그러나 그게 못마땅했던 일곱 살 아이가 있었나 보다. 유치원에서 한두 해 먼저 지낸 까닭에 또래인지 아닌지 구분하는 능력은 앞서 있으나 동생 마음 헤아리기는 서툰 일곱 살이 다짜고짜 동생들 앞에 '까불지 마!'를 데려온 것이다. 그것도 눈을 번쩍 부릅뜨고! 몸집도 작지 않고, 웃지 않으면 무서워 보일 수 있는 일곱 살이 '까불지 마!'를 여러 번 데려왔으니 동생들 입장에서는 그 말을 잊지 못하고 집까지 데려갔으리라. 다행스럽게도 이 모든 이야기를 전하고 나누면서 사건은 '성장의 한 과정'으로 지나갔고, '까불지 마!' 역시 몇 집을 거치더니 바람처럼 우리 곁을 떠나갔다. 그런데 '까불지 마!'가 그림책이 되어 우리를 찾아올 줄이야!

"자, 어떤 기분인지 느낄 수 있도록 함께 소리 내 보실래요? 하나, 둘, 셋!", "까불지 마아!" 한 번, 두 번, 세 번… 점점 커지는 목소리. 더불어 우레와 같이 터져 나오는 기운. 차분하게 가라앉아 있었던 강당 공기가 달라진 듯했다. 싱싱하고 힘찬 기운이 꿈틀, 웃음꽃이 피어난다. 이야, 까불지 마! 이 말, 세다. 덕분에 웃으면서 이제 곧 마주하게 될 새로운 시간들에 뜻밖의 말을 만나게 되더라도 너무 걱정 말고 한 뼘 자라날 마음 지켜봐 달라는 말씀, 잘 전할 수 있었다. 고맙다, 까불지 마!

일곱 살 반에 들어가 『까불지 마!』를 읽어 주었을 때 마지막 장면을 보고 "엄마한텐 그러면 안 돼요."라고 말하는 녀석이 있었다. 역시, 말 안 해도 알아차린 모양이다. 이 말이 언제 어디서나 힘을 쓰는 건 아니라는 사실을. 그래도 아이들에게 마음 두려운 일 생길 때 망설이지 말고 일단 한번 소리쳐 보라고 했다. 연습 삼아 몇 번이고 있는 힘껏 외치면서, 에너지가 채워지는 것처럼 밝아지고 환해지는 아이들. 애들아, 언제까지나 응원할게. 잊지 마, 말과 마음이 지닌 특별한 힘을!

두 권의 그림책을 모두 읽고 난 뒤, 나도 모르게 입 밖으로 튀어나온 이야기.

"이제 곧 이제 곧, 새로운 시간들이 시작될 테지요. 곰이 생각납니다. 말없이 손바닥을 내밀어 보보가 닿을 수 없는 곳에 올려 주고 이제까지 볼 수 없었던 것을 보고 느끼고 깨닫게 하는 곰. 그 모습에서 어른의 몫, 선생님의 역할을 생각하게 돼요. 보보가 떨어질세라 손바닥을 받쳐 주고 그저 묵묵히 곁에서 지켜봐 주었던 곰. 그처럼 우리 아이들을 만나고 싶습니다. 아직 오지 않은 시간이지만 아이가 닿기를 바라는 시간들에 닿을 수 있도록 마음 보태는 곰 같은 어른이고 싶어요. 우리 아이들이 진정한 봄을 마주할 수 있도록…. 함께 해 주시겠어요?"

뺨을 스치는 부드러운 바람이 속삭인다.
이제 곧 이제 곧, 봄!

아이들아 봄꽃들아

> 함께 하는 동안 스스로 품은 씨앗 틔우며
> 자기 자신으로 자라난 아이들.
> 한 명 한 명 모두 다른데 한곳에 모여
> 어우러진 모습은 언제나 멋지다.

『겨울눈아 봄꽃들아』 이제호 글·그림 | 한림출판사 | 2008년
『빨간꽃 초록잎』 탁혜정 글·그림 | 초방책방 | 2007년
『꽃이 핀다』 백지혜 지음 | 보림 | 2007년

...

"『겨울눈아 봄꽃들아』 책 어디 있어요? 선생님이 가져오래요."
"잠깐만, 그 책이 어디 있더라…"

선생님 방 책장에 꽂힌 책들을 훑어본다. 겨울눈아 봄꽃들아, 겨울눈아 봄꽃들아… 손가락 끝으로 책등을 짚어 보는 동안 입 밖으로 흘러나오는 책 이름. 나도 모르게 부르고 있다.

"이상하다, 안 보이네. 여기 있었던 것 같은데…."
"그럼, 찾아서 갖다 주세요. 오늘 그 책 보고 겨울눈 보러 가기로 했어요."

야무지게 말하고 뒤돌아 나가는 아이 뒷모습이 부쩍 자란 것 같다. 다섯 살 때 아기 같던 보동보동한 얼굴이 아직도 눈에 선한데 벌써 일곱 살이라니! 어느 새, 유치원 큰형님이 된 아이 모습이 새롭고 놀랍다. 새로운 시간, 일곱 살이 된 아이는 또 어떤 모습일까.

아무리 찾아도 책이 보이지 않아 알아보니 다른 반에서 보고 있었단다. 이 반 저 반 바쁘게 돌아다닌 책을 붙들어 약속한 반에 갖다 주었다.

다른 날, 아이와 우연히 마주쳤을 때 물었다.
"겨울눈 잘 보고 왔니?"
"네. 유치원 마당에 겨울눈 많아요. 목련나무에도 있고, 감나무에도 있어요. 벚나무에도 있고, 단풍나무에도 있어요. 정말 많아요!"
아이는 두 팔 벌려 동그라미를 그리며 폴짝 뛰었다. 말간 눈동자가 반짝반짝 빛났다.
"정말?"
나는 두 눈 동그랗게 뜨고 놀란 척했다.
"몰랐어요?"
아이가 턱을 치켜들고 쌩하게 지나갔다.

순간, 그 짧은 한마디가 번개처럼 번쩍, 내 가슴에 내리꽂혔다. 정말 놀랐다. 솔직히, 모르고 있었던 것이다. 하루에도 몇 번씩 유치원 마당을 오가면서 겨울눈과 제대로 눈 맞춘 적이 없었다. 날마다 걸음을 재촉하며 스쳐 지나가기 바빴다.

선생님 방에 들어서니, 마치 날 기다렸다는 듯 내 자리에 책이 있다. 피곤해서 엎드려 누운 것처럼 뒤표지가 위로 보이게 놓여 있다. '겨울눈'들이 보인다. 이건 목련, 그 아래는 진달래, 그 옆에는… 잘 모르겠다. 가만히 책을 뒤집어 본다. 앞표지의 같은 자리에 '봄꽃'들이 피어나 있다. 책장을 뒤적여 이름을 찾았다. 목련 아래는 진달래가 아닌 벚꽃이란다. 벚꽃 옆이 진달래, 진달래 옆이 사과나무 꽃, 그 위 목련과 마주보고 있는 꽃이 오동나무 꽃. 봄꽃들이 에워싼 가운데 책 이름이 초록과 진분홍으로 피어나 있다.

아주 연하고 은은한 보랏빛 면지를 지나 "겨울눈아, 봄꽃들아!" 하고 제목 화면을 읽으니, 바로 뒷면에 '겨울눈'의 목소리가 나타난다. 스스로 자기 자신을 가리켜 '꿈을 잃지 않는 겨울눈'이란다. 그래 '긴 겨울에도 따뜻한 봄날'을 꿈꾼단다.

겨울눈아, 라고 부른 누군가, 바짝 다가와 곁에서 "내가 봄이 시작된 것을 가장 먼저 알려 줄게."라고 다정하게 속삭인다. 가까워서 좋다. 재미있어 귀를 쫑그리게 된다. 아이들과 수수께끼 놀이도 해보고 싶어진다.

"얘들아, 잘 들어봐. '두꺼운 털외투'를 입고 있다가 '살며시 벗어 버리고' 봄을 알린대. '하얀 속살을 내밀'고 꽃봉오리가 부풀어

오르기 시작하면, '커다란 눈송이'처럼 보이기도 한대. 누굴까?" 입술 달싹이며 소리칠 아이들 얼굴이 그려진다. "맞아, 목련나무!"

손가락으로 목련나무 그림 속 털외투를 만져 본다. 보드라운 털들의 감촉이 느껴지는 것만 같다. 가만히 떠오르는 훌쩍이. 엄마 보고 싶어, 엄마, 엄마아… 유치원이 떠나가라 울어 대곤 해서 아침마다 번쩍 들어 안고 계단을 오르내리며 달래 주었던 다섯 살 훌쩍이. 삼월 초 차가운 아침 공기를 헤치며 3층 책방, 볕 잘 드는 창가로 데려가 그림책 읽어 주면 눈물 자국 마른 훌쩍이의 뺨에 아주 여리고 투명한 솜털이 보였다. 태어나 엄마와 처음 떨어진 훌쩍이, 낯설고 두려운 공간에 자신만 덩그러니 놓인 것 같아 울음을 터트리곤 했던 훌쩍이. 하지만 훌쩍이는 오래 울지 않았다. 유치원 마당에 있는 목련보다 먼저 웃음꽃을 피웠다. 어느덧 훌쩍 자라, 초등학교 어린이가 되었을 훌쩍이.

훌쩍아, 잘 지내지? 언젠가 눈 많이 내린 날, 일곱 살 된 네가 마당에서 눈 굴려 만든 커다란 눈덩이가 생각난다. 보조개 쏙 들어가던, 목련꽃보다 환하게 피어나던 네 웃는 얼굴, 보고 싶구나….

그러고 보니, 겨울눈마다 눈에 밟히는 얼굴들이 있다.

음나무의 뾰족한 '왕 마귀' 가시를 보자마자 이번엔 삐죽이가 떠오른다. 유치원 버스에 올라탈 때부터 울기 시작해 버스 안 탄다고 발버둥치곤 하던 삐죽이. 손에 잡히는 건 집어던지고, 누군가 붙들면 때리고 발로 차서, 껴안는 것조차 힘들고 벅찼던 삐죽이. 일곱 살에 입학한 삐죽이는 유치원에 들어서면 한 층 위에 있는 교실로 올라가야 했는데, 계단 앞 복도에서 꼼짝 하지 않고 서 있어, 실랑이하는 날이 많았다. 몸부림이 얼마나 심한지 교실로 데려가는 일이 날마다 전쟁일 정도였다.

하루는 삐죽이 선생님이 소식을 듣고 부리나케 내려와 삐죽이를 덥석 끌어안았다. 두 팔로 선생님 등허리를 마구 치던 삐죽이는, 그래도 선생님이 손을 놓지 않고 더 세게 끌어안자, 선생님 품에 풀썩 안겼다. 울음소리도 잦아들었다. 삐죽이를 꼭 끌어안은 채 무릎 꿇고 주저앉은 선생님은 삐죽이 머리 위로 뺨을 갖다 대고 나직하게 속삭이기 시작했다. 어깨를 들썩이면서도 가만히 고개를 끄덕이던 삐죽이, 그 모습 놓치지 않고 살며시 미소 지었던 선생님. 그리고 곁에서 비죽, 삐져나온 눈물 훔치던 나….

알고 보니, 삐죽이는 마음이 여리고 눈물 많은, 특별한 감성을 가진 아이였다. 우리는 한 해 동안 삐죽이의 기발한 생각과 독특한 상상력에 놀랄 때가 많았다. '말랑말랑 곱기만 한' 삐죽이의 속내를 알게 되어 얼마나 감사했는지 모른다. 두 눈이 발개지도록 울었던 삐죽이가 울지 않고 와주어서 얼마나 고마웠는지 모른다. 가끔씩 울 때도 있었지만 울지 않는 날들이 훨씬 많았고, 멋쩍게 웃는 모습부터 환하게 웃는 모습까지 삐죽이의 다양한 얼굴을 마주할 수 있어 기뻤다. 이제는 학교에 간 삐죽이, 한없이 여리기만 했던 마음이 여물어지고 단단해져서 예전보다 웃는 날이 더 많아졌다는 소식이 반갑다.

저마다 다른 색깔로 전하는 '겨울눈' 이야기는 뒷면에 바로 이어지는 '봄꽃' 덕분에 풍성해진다. 활짝 피어난 봄꽃 곁에 새잎의 모습부터 다 자란 잎, 열매까지 그려져 있어 나무에 대한 중요한 사실을 알 수 있다. '꽃이 먼저 피는 나무'부터 시작한 겨울눈 이야기는 '잎이 먼저 피는 나무'로 이어져 '꽃과 잎이 같이 피는 나무'에 이르러 끝난다. 마지막 순서는 버즘나무.

이젠 지금의 모습을 '마음껏 자랑'하고 싶다며, 마지막 인사를 전하는 겨울눈. 아니 봄꽃들. "겨울아, 안녕. 우리의 멋진 모습을 지켜봐 주겠니." 나직한 목소리가 당차다. 여운 때문에 짤막한 글을 둘러싼 흰색의 넓은 여백이 하나도 헛헛하지 않다. 뒷면에는 푸른

잎 가득한, 다 자란 나무들의 모습이 나란히 한 장에 다 모여 있다. 서로 다른 저마다의 모습들이 멋지다. 졸업식 때 나란히 모여 앉은 아이들 모습이 나무들 위로 포개진다. 함께 하는 동안 스스로 품은 씨앗 틔우며 자기 자신으로 자라난 아이들. 한 명 한 명 모두 다른데 한곳에 모여 어우러진 모습은 언제나 멋지다. 서로 다른 꽃들이 한데 피어난 것처럼 졸업식 무대 위를 가득 채운 아이들의 고운 얼굴은 얼마나 가슴 뭉클한지!

눈물 찍어 내며 '봄꽃' 같은 아이들을 떠나보내고 나면, '겨울눈' 같은 아이들과 마주하는 새 학기, 3월을 맞는다. 다시 시작하는 춘삼월, 봄이라고 하기에는 아직 춥고 쌀쌀한 날씨. 잔뜩 웅크린 채로 울음 터뜨리기 일쑤인 여리고 어린아이들과 만난다. 그래서 제일 먼저, 가장 많이 하는 일은 따뜻한 마음으로 이름 부르기. 아직 닿지 못한 까닭에, 이어지지 못한 까닭에, 두렵고 낯선 마음 불러들이기. 얼어붙은 마음 녹이기. 아직 유치원에 발 들여놓지 못하는 아이의 마음 끌어당기기. 괜찮아, 괜찮아. 다독이며 부르고 또 부르기. 이제는 안다. 겨울눈아,라고 불렀던 아이들을 어느 순간 봄꽃들아, 하고 부르게 된다는 걸. 해마다 마주하지만 해마다 새롭고 놀랍고 신기한 순간들…!

오랜만에 『빨간꽃 초록잎』 그림책 꺼내 펼치며 꼭 그런 순간 마주했다. 얌전한 동백꽃, 생각하는 할미꽃, 즐거운 튤립, 귀여운 채송화, 정다운 카네이션, 수줍은 봉숭아, 눈부신 장미꽃, 해맑은 패랭이꽃, 넉넉한 접시꽃, 의젓한 엉겅퀴, 조용한 수련, 상냥한 베고니아, 기도하는 백일홍… 서로 다른 이름의 열세 가지 꽃은 모두 '빨간꽃 초록잎'이다. 그러나 저마다 보여 주는 '빨간색'과 '초록색'이 모두 다르다. 서로 다른 이름을 가진 우리 아이들도 그렇다. 같은 반 같은 나이로, '어린이'라는 이름으로 한데 묶어 부를 수는 있지만 저마다 품은 씨앗이 다르다. 이 사실을 알면서도, 한 명 한 명 품은 씨앗을 알아차리는 일은 얼마나 어려운지! 새 학기마다 나태주 시인의 시詩, 자세히 보면 예쁘고 오래 보면 사랑스러운 꽃처럼 '너'도 그렇다는 「풀꽃」을 읊조리게 된다.

　『꽃이 핀다』에서 마주하는, '자연에서 찾은 우리 색'처럼 아이마다 지닌 곱디고운 색을 찾아내는 어른이 많아지면 좋겠다. 아름다운 색으로 피어나는 꽃 뒤에 은은한 바탕이 되어 꽃을 더욱 빛나게 해주는 비단 같은 선생님이 많아지면 좋겠다. 왼쪽 책장 오른쪽 귀퉁이마다 작게 박힌 깨알 글씨처럼, 아이들이 어떤 꽃으로 피어나든 그 속에 품은 뜻 알아차리고, 꽃이 지닌 속내를 전해주는 이가 많아지면 좋겠다. 꽃이 아니라도 있는 그대로의 모습을 받아들이고 그 속에 숨은 색을 알아보는, 귀한 눈들이 많아지면 좋겠다. '겨울눈'의 모습인 아이에게서 '봄꽃'을 내다보고, 조금 더 기다려 주는 어른들이 많아지기를….

"아이들아, 봄꽃들아!"
눈을 지그시 감고, 가만히 가슴으로 불러 본다.

2014년 4월 16일, 지켜주지 못한 고운 봄꽃들 가슴 시리게 기억하며….

달콤 짭짤, 새로운 목욕

> **❝** 아이들은 입술을 오므린 채 빨대를 입에 물고,
> 앞표지 속 장수탕 선녀님처럼 '요구룽?' 하는 거였다.
> 그림책 세계와 현실 세계가 하나 되는 순간이었다. **❞**

『**지옥탕**』 손지희 글·그림 | 책읽는곰 | 2011년
『**장수탕 선녀님**』 백희나 지음 | 책읽는곰 | 2012년
『**달콤한 목욕**』 김현 외 5인 글·그림 | 바람의아이들 | 2014년

· ...

나는 목욕을 좋아한다. 특히, 탕 목욕을 좋아한다. 뜨듯한 탕 속에 들어앉아 눈 감으면 어떤 뜨거운 힘이 날 꼭 껴안는 것 같다. 탕 한 가운데 퐁퐁 솟아나는 거품도 좋아한다. 가만히 다가가 몸을 갖다 대면 한순간도 쉬지 않고 보글보글 이야기하는 수다쟁이 거품. 온몸을 흔들어 놓는 거품은 때때로 몸 안의 이야기를 와글와글 떠오르게 하기도 한다. 그래서 목욕탕 가기를 즐긴다.

그런데 사실 이건 나중 이야기! 어릴 적부터 그런 건 아니었다. 문득, 오래된 목욕탕의 낡은 간판, '용천탕'이 떠오른다. 그림책『지옥탕』주인공 아이처럼 아는 얼굴 만날까 봐 얇은 수건 들고 맘 졸이던 여자아이가 생각난다. 탕에 들어서자마자 뿌옇게 변해 버렸던 엄마의 두꺼운 안경알이며, 때밀이 아줌마 없을 때 몰래 누웠던 때밀이 침대, 천장에서 날 내려다보다 똑, 똑, 뛰어내렸던 똥글똥글 용감한 물방울, 셋이나 되는 우리들 때를 밀며 콧등에 매달린 땀방울을 후~ 후~ 불던 엄마의 더운 입김도 어른거린다.

그때는 내게도 목욕탕이 '지옥탕'이었다. 엄마는 일 년에 몇 번, 오로지 때를 말끔히 벗겨 내기 위해 우리들을 목욕탕에 데려갔다.

냉탕은 '출입 금지'였다. 우리는 온탕에 들어가 때를 불리며 놀다가 엄마가 부르면 차례대로 나가 때밀이했다. 엄마는 때를 다 밀어도 좀처럼 뭘 사 주는 일이 없었다. 비싸서 안 된댔다. 목욕탕 나서며 마른침 삼키던 여자아이가 기억난다. 용천탕 아래 반지하 중국집에서 뿜어져 나오던 달콤 짭짤한 짜장 냄새와 나오자마자 부리나케 저만치 앞서 걸어가던 엄마의 뒷모습, 떼쓰다 혼나고 눈물 콧물 훌쩍이며 타박타박 뒤따라가던 동생의 축축한 손… 이제는 추억이 된 기억들.

그림책 『지옥탕』은 엄마와 함께 목욕탕에 갔던 어린 '나'를 떠올리게 하는 작품이다. 강렬한 표지 그림부터 웃음을 자아낸다. '목욕탕' 간판을 '지옥탕'으로 바꾸어 놓으며 시작한 이야기는 엄마가 때를 밀 때 '진짜 지옥'에 들어서며 절정에 이른다. 정겨운 때 타월 그림을 바탕으로 국수 가닥 같은 때가 튀어나오는 장면은 불구덩이 한가운데 주인공이 놓인 장면으로 이어져, '으아악!' 비명과 함께 솟아올랐을 화끈화끈한 통증을 실감나게 보여 준다. '지옥의 손아귀'에서 벗어났다고 생각한 순간, 반전이 기다리고 있었으니… 그건 바로, '내 등보다 오만 배는 더 넓어 보이는 엄마 등' 밀기! 무려 네 배나 큰 화면으로 펼쳐지는 드넓은 엄마 등을 마주하면, 피식피식 새어 나오던 웃음이 확 터져 버린다.

얼굴 발개지도록 시원하게 웃고 나면, 역시 웃고 있는 여자아이 얼굴이 보인다. '목욕도 꽤 괜찮은 일' 같다며 우유 들고 기분 좋게 목욕탕을 나서는 주인공. 간판은 '지옥탕'에서 '목욕탕'으로 바뀌어 있다. 뾰족뾰족 날카로운 이빨처럼 문에 달려 있던 천 장식도 둥글둥글하게 바뀌어 있다.

『지옥탕』은 이야기를 끌어가는 그림의 힘이 두드러진다. 목욕탕에서 지옥을 경험하는 아이의 마음이 그림으로 잘 드러나 있어 더욱 재미나고 유쾌하다. 자기만의 화법畵法으로 펼쳐낸 지옥탕 풍경은 독자에게 즐거운 여운을 안겨 준다.

『지옥탕』처럼 여자아이가 화자로 나오는 또 다른 목욕탕 이야기가 있다. 점토 인형을 빚어 연출한 사진 그림책, 『장수탕 선녀님』이 그것이다. 묵은 때를 씻어 내기 위해 목욕탕에 가는 어른들과 달리 아이들은 놀기 위해 목욕탕에 간다. 그리고 덕지처럼 냉탕에서 놀기를 좋아한다. 장수탕 선녀님을 만난 덕지는 이전과 다른 놀이를 경험한다. '발 딛고 개헤엄 치'며 혼자 놀았던 덕지는 장수탕 선녀님 덕분에 '바가지 타고 물장구치기'도 하고, '탕 속에서 숨 참기'도 한다. 마지막 놀이는 장수탕 선녀님 등에 올라타기. 펼쳐진 두 쪽의 넓은 화면을 꽉 채운, 두 손 모아 물살 헤치고 앞으로 쭉 나아가는 장수탕 선녀님의 모습은 마치 드넓은 바다 속을 헤엄치는 듯 황홀하다! 장수탕 선녀님과 한 몸 되어 함께 나아가는 덕지는 '우와!' 소리치며 두 눈 똥그래진 채 입을 다물지 못한다. 덕지를 바라보는 나 역시 입을 쩍 벌린 채 그 장면에 머물러 있었다. 장수탕 선녀님은 내가 바라보는 동안에도 쉬지 않고 앞으로 쭉쭉 헤엄쳐 나아가고 있었다. 나는 물을 가로지르는 출렁거림을 느끼며 가슴이 콩닥콩닥 뛰었다.

작가의 손끝에서 정성으로 빚어진 인형, 장수탕 선녀님은 정지된 한순간을 보여 주는 종이책의 한계를 뛰어넘어 마치 살아 움직이는 것처럼 생생하다. 진짜가 아닌 걸 알면서도, 어디선가 장수탕 선녀님을 만날 수 있을 것 같은 설렘을 갖게 되는 신기하고 놀라운 책! 읽어 주면 이야기 속 덕지가 된 듯 신나고 즐거워하는 아이들의 싱글벙글한 얼굴을 마주한다. 이 때문인지 유치원에서 해마다 한 번씩 여는 책 잔치를 준비하며 아이들과 함께 재미난 그림책 여덟 권을 뽑았는데 『장수탕 선녀님』이 당당하게 뽑혔다.

어떤 책 놀이를 하면 좋을지 한참 궁리하던 선생님들은 목욕탕을 열기로 했다. 덕지처럼 장수탕 선녀님과 함께 신나게 놀이할 수 있는 목욕탕을 만들어 보고 싶다고 했다. 유치원 가족들로부터 목욕 바구니 등 목욕 용품을 받아 모으고, 아이들과 함께 아주 커다란 종이 상자에 타일 무늬를 찍어 탕을 만들며 차근차근 목욕탕을 만들어 나갔다. 샤워하는 공간도 만들고 때밀이 침대도 만들었다. 장수탕 선녀님으로 변신할 수 있는 머리띠도 만들어 놓고, 탕 하나로는 심심하다며 색색의 보자기를 가득 넣은 보자기탕도 만들었다. 탕 속의 물은 아이들이 직접 신문지를 찢어 채우기로 했다.

드디어, 책 잔치 날! 찢어진 신문지를 '물'이라고 상상하여 즐기는 목욕탕, 각종 소품과 선생님의 기똥찬 솜씨가 더해져 아주 신나고 재미난 '달콤한 가람탕'이 문을 열었다. '달콤한 가람탕'은 하루 종일 손님이 끊이지 않았다. 어린이 손님만 입장할 수 있는데도 웃음소리가 넘쳐났다. 아이들은 물 한 방울 없고 찢어진 신문지만 가득한 탕 속에서 서로에게 신문지 물을 마구 뿌리는가 하면, 덕지처럼 폭포수 맞고, 엎드려 헤엄치며, 잠수를 하기도 했다. 처음 보는 아이들끼리도 금세 어우러져 즐겁게 놀았다.

보이지 않는 것들을 보이는 것처럼 상상하며 목욕 놀이를 마음껏 즐기는 아이들의 소리는 정말 대단했다. 얼마나 뜨겁게 목욕을 했는지 삼십 분도 채 안 되었는데 아이들마다 짭짤한 땀내가 물씬 풍겼다. 발갛게 달아오른 얼굴로 목욕을 마치고 나온 아이들에게 선생님은 빨대 꽂은 요구르트를 하나씩 건네주었다. 그러면 아이들은 입술을 오므린 채 빨대를 입에 물고, 앞표지 속 장수탕 선녀님처럼 '요구릉?' 하는 거였다. 그림책 세계와 현실 세계가 하나 되는 순간이었다. 아이들은 까르르 웃음을 터뜨렸고, 그런 아이들을 바라보는 어른들도 덩달아 웃었다.

사실, '달콤한 가람탕'은 아이들이 가려 뽑은 또 다른 그림책, 『달콤한 목욕』에서 이름을 따왔다. 신나고 즐거운 상상 목욕 놀이가 아이들에게 '달콤한' 행복을 안겨 주길 바랐기 때문이다.

아이들이 그린 듯 친근하고 귀여운 그림의 『달콤한 목욕』은 제목 화면에 발가벗은 뒷모습으로 등장하는 세 사람이 주인공이다. 가장 더운 어느 여름날, 마을에 물이 끊겼다. 모두 물을 받아갔는데 세 사람은 '아무것도 모르고 신나게 공놀이만' 한다. 그러다 너무 뜨거운 햇볕에 지쳐 찬물로 목욕을 하려고 하는 세 사람. 물이 끊긴 마을에 어딘들 물이 있을 리 없다.

"큰일이다! 어떻게 하지?" 참 난감한 상황. 이 때 판타지 같은 놀라운 장면이 이어진다. 사이다 가득한 냉장고가 보이더니, '콸콸콸콸' 세 사람이 사이다를 모두 꺼내서 큰 욕조에 붓는 것이 아닌가!

이제껏 듣도 보도 못한 사이다 목욕. 그런데 뽀글뽀글 거품이며 그림 속 세 사람의 모습이 참 신나 보인다. 정말 시원해 보인다. 소리 내어 글 읽는 마음까지 '짜릿짜릿'하다.

> 거품이 제일 신기했습니다.
> 손발로 휙휙 저으면 거품이 부풀어 올랐습니다.
> 거품을 떠서 온몸을 씻고 머리도 감았습니다.
> 부드러운 느낌이 참 좋았습니다.

이상할 것 같았는데 점점 끌리는 사이다 목욕. '지금까지 해 본 목욕 중에 가장 시원하고, 가장 신기하고, 가장 맛있는 목욕이었'다니 더욱 그렇다. 그런데 문제가 생겼다. 아무리 닦아도 몸이 끈적끈적한 거다. 세 사람은 모두 다른 선택을 하고 자기만의 이야기를 들려준다. '그날 밤 긴 가뭄을 보내는' 아주 시원한 비가 내리면서 이야기는 마무리된다. 덩달아 시원해지는 마음….

어쩌면 엉뚱하고 조금은 기발한 이야기, 『달콤한 목욕』은 놀랍게도 여섯 명의 장애인이 함께 만든 책이란다. 아니, 어쩌면 놀라는 마음이 놀랄 일인지도 모른다. 중요한 사실은 누구든 달콤한 목욕을 신나고 즐겁게 만날 수 있다는 것! 심지어 이 책을 읽고 벌써 달콤한 목욕을 마친 어린이도 있다. 직접 작성한 '달콤한 목욕 체험 설명서'에 따르면, '코에 사이다가 들어가지 않게' 주의하고, 목욕은 '20분' 정도가 적당하단다. 책 잔치 날, 널리 전시된 '달콤한 목욕 체험 설명서'는 아이들의 뜨거운 관심을 받았다. 또 '난 사이다는 목이 따끔해서 싫고, 사과 주스로 목욕을 하고 싶다' 등 어른들이 알면 깜짝 놀랄, 다양한 이야기도 오갔다.

더운 여름날이다. 새로운 목욕으로, 새로운 '나'로 거듭나는 나날이면 좋겠다. 덕지에게 장수탕 선녀님과의 만남이 그러하듯 우리 아이들에게 이 여름이, 새로운 목욕의 행복한 추억으로 한 뼘 더 자라나는 날들이 된다면 좋겠다. 설사 때로 끙끙 앓더라도 덕지처럼 싹 털고 일어나 쭉 기지개 켤 수 있기를….

더운 날 잊지 말아요, 안녕!

> ❝ '우리들!' 그렇다.
> 사라지는 동물 친구들을
> 살려 내는 일 역시 사람,
> 우리가 할 수 있다. ❞

『냠냠 빙수』 윤정주 글·그림 | 책읽는곰 | 2017년
『사라지는 동물 친구들』 이자벨라 버넬 지음, 김명남 옮김, 이정모 감수 | 그림책공작소 | 2017년
『안녕! 만나서 반가워』 한성민 글·그림 | 파란자전거 | 2015년

...

 푹푹 찐다. 찜통에 놓인 양 덥다. 땀이 줄줄 흐르고, 숨이 턱턱 막힌다. 너무 뜨거워 볕 아래 거닐기가 겁나고, 서늘한 그늘만 골라 밟고 다니고 싶은 여름날. 보기만 해도 시원한 『냠냠 빙수』에 손이 절로 간다. 앞표지 한가득 담긴 눈꽃 빙수에는 갖가지 과일이며 견과류가 알알이 박혀 있다. 한가운데, 숟가락을 삽처럼 들고 빙수를 수북하게 뜬 남자아이, 낯익다 했더니 호야. 같은 작가의 그림책, 『꽁꽁꽁』에서 만났던 호야. 곁에는 토끼가 얼음 결정체를 타고 풍선처럼 둥실 떠오르고 있고, 빙수 사이사이에는 신난 얼굴의 멧돼지, 여우, 수달도 있다. 뒤집어 마주한 뒤표지에는 펭귄과 흰곰이 얼음 물고기를 먹고 있다. 대체 무슨 이야기일까?

 아주 아주 더운 날의 산속 풍경. 계곡 낀 언덕에 자리한, '쉬어 가는 집'이 보인다. 얼마나 더운지, 여기저기서 반갑게 찾아내는 동물 친구들 모두 땀을 뻘뻘, 지친 모습이다. 호야네 가족도 헉헉, 언덕을 오르며 땀 흘리긴 마찬가지. 산 너머 커다란 해님마저 벌겋게 달아오른 얼굴로 땀 흘리는 여름날. 그러나 책장을 넘기면, 다른 공간이 펼쳐진다.

쉬어 가는 집 안은 전기 에너지를 끌어와 바깥과 다른 온도, 다른 공간이 된다. 문을 닫은 집 안은, 밖과 분리된 공간, 닫힌 공간으로, 끓어오르는 바깥과 다르게 호야네 가족에게 '살 것 같'은 시원함을 안겨 준다. 눈길을 사로잡는 건 마치 핏줄처럼 빨갛게 연결된 전깃줄과 텔레비전의 붉은 바탕 화면, 그리고 '무더위가 여러 날 계속되면서 동물원도 비상이 걸렸'다는 뉴스가 담긴 아나운서 말풍선의 붉은 테두리. 여기서, 텔레비전은 바깥을 보여 주고 바깥 소식을 들려주는 통로이자, 안에서 밖을 만나게 하는 어떤 틈이다. 그러나 호야네 가족은 아무도 텔레비전을 보고 있지 않다.

이야기는 호야네 표 요구르트 빙수 만들기로 이어진다. 온 가족이 다 같이, 빙수를 만드는 과정은 정겹고 즐겁다. 쉬지 않고 날개를 돌려 바람을 뿜어내는 선풍기 앞에 앉은 호야네 가족이 냉장고가 꽁꽁꽁 얼려 준 빙수를 나눠 들고 차가운 달콤함을 맛보는 찰나, 텔레비전은 계속해서 바깥소식을 전해 준다. 안에 시원하게 머물러 있는 이들이 잊기 쉬운 뜨거운 바깥, 다른 생명의 이야기를. 동물원에 갇힌 북극곰은 땀을 뻘뻘 흘리며, 자신의 고향인 북극에 가고 싶다고 소리친다. 호야 가족은 듣지 못한 말, 독자인 우리는 읽을 수 있다. 귀 기울여 마음에 담을 수 있다.

책장을 넘기면 집 밖이다. 어스름한 저녁, 창문 밖에서 불 밝힌 안을 들여다보고 있는 동물 친구들의 뒷모습이 보인다. 땀방울 뚝뚝 흘리며 긴 그림자 드리운 동물 친구들의 한마디 한마디는 다음을 짐작케 한다. 아니나 다를까. 호야네 가족이 떠나자마자, 동물들은 각각 빙수 재료를 챙겨서 쉬어 가는 집으로 달려간다. '멧돼지는 달콤한 꿀이 가득한 벌집을 훔쳐'서, '수달은 맑은 샘물을 길어'서, '여우는 커다란 비닐봉지를 주워'서, '토끼는 갖가지 산열매를 모아'서 잔뜩 설레는 얼굴로 달려간다.

　집에 들어간 동물 친구들이 첫 번째로 한 일은 전기 들여오기. 딱 한 번 밖에 보지 못해 어려웠을 이 일을 '머리를 맞대고 궁리한 끝에' 해낸다. '선풍기 바람을 한참 쐬고' 난 동물 친구들은 드디어 빙수를 만들어 내는데, '멧돼지는 씹어 먹고, 여우는 핥아 먹고, 토끼는 갉아 먹고, 수달은 벌러덩 누워서 먹'는다. 달콤하고 시원하게 빙수를 즐긴다. 순간, 텔레비전이 전하는 긴급 뉴스! 북극곰 흰곰 씨가 동물원을 탈출했단다!

　다음 장면은 이 모든 것을 지켜보고 있는 누군가의 뒷모습. 맞다, 흰곰! "너무 더워! 나도 얼음 먹고 싶어!" 바깥, 텔레비전 화면 속에 머물던 흰곰이 바로 앞에 나타나 집 안으로 뛰어들면서 소리친다. 깜짝 놀랐던 동물 친구들은 '남은 얼음을 흰곰에게 주'고, '선풍기도 틀어 주고 부채질도 해' 준다. 그러나 좀처럼 더위가 가시지 않는 흰곰. 시원한 냉장고 안을 들여다보더니, 들어가고 싶단다. 낑낑거리던 흰곰은 으쌰으쌰, 동물 친구들의 도움으로 겨우겨우 냉장고 안에 들어간다. 비좁은 냉장고 안에 커다란 몸을 욱여넣고 웃고 있는 흰곰의 얼굴이라니… 서글프기 그지없다.

이야기는 뜻밖의 전개로 이어진다. 흰곰 혼자 남은 집에 빗줄기가 쏟아지더니 천둥 번개가 내리치고 전기가 나가 버린 것이다. 점점 더워지는 냉장고에서 빠져나오려고 버둥거리던 흰곰은 냉장고째 데굴데굴 굴러 나와 계곡에 빠지고 만다. 가까스로 냉장고에서 몸을 빼냈지만 뭍으로 돌아가기에는 늦어 버린 흰곰. 냉장고를 탄 채 계곡물에서 큰 강으로, 강을 지나 바다로 흘러들어 간다. 흰곰은 북극에 닿았을까? 어디선가 불어오는 시원한 바람… 뒤이어 나온 마지막 장면은 펭귄들의 말소리가 들리는 남극이다. "처음 보는 친구네.", "어서 와." 이제야 뒤표지의 수수께끼가 풀린다.

문득, 이 뜨거운 여름, 바깥에서 살아가야 하는 생명들의 처지를 헤아려 본다. 내 앞에 닥친 더위 피할 생각에만 사로잡혀, 이 더위가 어디서 왔는지, 왜 이렇게 점점 더 더워지는지, 미처 생각하지 못하고 살아가고 있는 건 아닐까, 돌아본다. 이 더위를 피할 수 없어 어쩔 수 없이, 견디고 버티고 있을지 모르는 누군가를 생각해 본다. 그런 순간, 나를 찾아온 그림책, 『사라지는 동물 친구들』.

아름다운 수채화 그림의 표지 한가운데 박힌 제목 글자가 가슴 아프다. 표지를 어루만지면, 풀숲 구석구석 자리한 동물 친구들이, 손끝에 닿는다. 반짝이는 비닐 옷을 입은 덕분에 얇게 도드라지는 동물 친구들의 몸, 더듬으며 느껴지는 어떤 마음. 특히, 대왕 판다의 눈빛은 우리에게 무슨 말을 건네는 것 같다.

> 지구상에 모든 생명은 영원히 살 수 없습니다.
> 우리도 언젠가는 사라지고 새로운 생명이 등장하겠지요.
> 괜찮습니다. 이것이 자연의 이치니까요.
> 그런데 요즘 동물 친구들은 너무 빨리 사라지고 있습니다.
> 어떤 친구들이 왜 사라지는지 안다면
> 우리가 지켜줄 수 있을 겁니다.

뒤표지에 담긴 이정모 서울시립과학관장님의 글을 소리 내어 읽노라니, 알겠다. 『사라지는 동물 친구들』의 간절한 바람도…. '숨은 그림찾기로 만나는 50마리 멸종 위기 동물'은 낯설면서도 새롭다.

자세한 특징을 담은 세밀화가 아닌 수채화로, 사진이 아닌 마음 담은 그림으로 동물 친구들을 만나게 한다. 아니, 찾게 한다. 사는 곳의 풍경이 두 쪽에 걸쳐 아름답게 펼쳐지고, 그 속에 멸종 위기 동물이 숨어 있다. 그래서 이 책에서 멸종 위기 동물을 모두 만나려면 누구나 잘 살펴야 한다. 동물들이 어떻게 생겼는지 생김새를 잘 봐 두어야 한다. 그래야 시선을 옮기더라도 놓치지 않을 수 있다. 기억할 수 있다. 또, 다 찾았는지 못 찾았는지 알아내려면 이름을 알아야 한다. 하나하나 이름을 불러 봐야 한다. '마운틴 고릴라'는 여기, '눈표범'은 저기, '꼬마 주머니 쥐'는 요기, '대왕 판다'는 조기, 어? '아무르 표범'은 어디 있지? 아, 여기, 찾았다! 하고 불러가며 찾아야 한다.

내가 보고 있던 책을 슬그머니 가져가, 손가락으로 이곳저곳 살살이 짚어 보던 딸아이. 처음엔 더듬거리던 동물들의 이름을 자연스럽게 말하고, 이 동물 저 동물 같아 보여 헤매던 것도 책장을 넘길수록 바로 찾아낸다. 동물들과 눈을 맞출수록 가까워지는 마음이라니, 숨은그림찾기 하며 이 그림책을 만나는 방법이야말로 멸종 위기 동물을 지키는, 작은 실천의 첫 걸음이 아닐까.

뒤이어 나오는 멸종 위기 친구들의 자세한 이야기, 작은 글씨를 찬찬히 마음에 담아 본다.

> 마운틴 고릴라. (중략) 왜 멸종 위기일까요?
> 사람들이 숲을 태우고 나무를 베어서,
> 마운틴 고릴라의 서식지가 줄고 있어요.

'사는 곳'도 '남은 개체 수'도 '특징'도 모두 다른, 서로 다른 이름의 50마리 멸종 위기 동물. 하지만 이들이 사라지는 이유에서 여러 번 나오는 단어는 하나로 모아진다. 그건 바로, 사람….

부끄러워 고개를 수그린 순간, 에메랄드빛 바다 물결 헤치며 동물 친구들이 다가온다. 작고 까만 눈으로 한 손을 번쩍 들고 우리를 바라보는 매너티, 듀공, 바다코끼리, 펭귄. 『안녕! 만나서 반가워』 그림책으로 인사한다. 그래, 안녕! 정말 만나서 반가워. 마음 열고 책장 넘기자, 서로 다른 곳에 사는 네 친구들이 한자리에서 마주친 이야기를 들려준다.

태풍과 해일에 집이 쓸려가서, 집이 녹아 없어져서, 심해지는 폭우 때문에 '살 곳을 찾'아 떠나던 중 미국 남동쪽 앞바다에서 우연히 만나게 되었다는 친구들. "그런데 왜 이렇게 더워졌을까?", "혹시 더워져서 태풍과 해일이 심해졌을까?", "여기가 더워져서 북극 얼음이 녹는 거야?" 오가는 질문들에 가슴이 뜨끔, 따끔하다. "사람들이 나무를 다 베어 내고 건물을 세워서 더워진 것 같아.", "그럼, 다시 나무가 많아지게 하려면 어떻게 해야 해?" 알고 있지만 사람들이 자꾸만 놓치고 있는 중요한 사실을 일러 주는 동물 친구들. 안타까운 목소리가 이어진다. "그런데 우리는 나무를 심을 수가 없잖아." 이윽고, 까만 두 눈을 동그랗게 빛내며 묻는 펭귄. "그럼, 누가?"

조금 전까지 잠자코 듣고 있던 아이들이 소리친다. "내가요!" 조금도 망설이지 않고 외친다. "우리들!" 그렇다. 사라지는 동물 친구들을 살려 내는 일 역시 사람, 우리가 할 수 있다.

이 여름, 그림책이 아니라면 더위에만 휩쓸려 허덕거리며 지냈을지도 모르겠다. 『냠냠 빙수』가 보여 준 흰곰 덕분에, 숨은그림찾기로 만난 『사라지는 동물 친구들』 덕분에, 더위에 지지 않고, 시원한 바람 마음에 들이며, 꿋꿋하게 남은 여름을 보낼 수 있을 것 같다.

무엇보다 뜨거운 여름을 '안'이 아닌 '밖'에서 나고 있는 생명들 헤아리며, 어쩌면 우리 모두에게 커다란 '쉬어 가는 집'일지 모르는 지구가 아프지 않도록, 그래서 더불어 안녕! 인사 나눌 수 있도록 더욱 마음 써야겠구나, 싶다.『안녕! 만나서 반가워』그림책 제목이 뜻깊게 다가온다.

그래, 만나서 반갑도록, 오래도록 안녕, 더운 날 잊지 말고 안녕, 안녕!

🌱 마법의 여름, 여름 방학 사용 설명서

> 여름 방학을 제대로 사용하려면
> 아이들마다 온전한 시간이 필요하다.
> 나 자신으로 지낼 자기만의 시간이 오롯이 필요하다.

『맴』 장현정 지음 | 반달 | 2015년
『최고로 멋진 놀이였어!』 말라 프레이지 글·그림, 육아리 옮김 | 뜨인돌어린이 | 2014년
『마법의 여름』 후지와라 카즈에 글, 하타 코시로 그림, 김정화 옮김 | 아이세움 | 2004년

· · ·

　엄마, 여기 봐. 아이가 가다 말고 쪼그려 앉는다. 아파트 단지 내 놀이터로 들어서는 시멘트 계단참. 아이가 조심스럽게 손바닥을 편다. 매미 허물이다. 여기서 매미가 됐나봐. 아이가 허물의 갈라진 틈을 자세히 들여다본다. 지금은 어디 있을까. 고개를 들었다. 놀이터 둘레 나무들을 둘러본다. 귀 기울여 본다. 날아간 걸까. 쏴아쏴아, 바람 소리뿐, 아무 소리도 나지 않는다.

　그때 듣지 못해 아쉬웠던 매미 소리, 『맴』 속에 가득하다. 그림책 『맴』 표지는 비닐을 씌우지 않았다. 보통 코팅하지 않은 표지는 반짝임이 없는데 넓은 여백 때문인지 푸른 나무 위로 드넓게 펼쳐진 하얀 하늘이 눈부시게 빛나는 것 같다. 바람이 부는 나무숲, 나무들이 바람에 몸을 맡긴 듯 왼쪽에서 오른쪽으로 기울고 있다. 찰나, 매미가 날아오른다. 아니, '맴'이라는 소리가 날아오른다.

　'맴'을 뒤따라 작고 가벼운 몸짓으로 날아오르는 낱글자 세 개. 장현정. 작가 이름을 놓아둔 자리가 멋지다. 이름 가운데 가장 높고, 제목 '맴'과 가장 가까운 글자, '정'이 情으로 읽힌다. '맴'을 향한 정情. '여름을 더 여름답게 하는 매미에게'라고 새겨 둔 뒤표지

글, 작가의 마음 읽으며 정情의 깊이를 가늠해 본다.

『맴』은 이제까지와는 다른 방식으로 그림책을 만나게 한다. 글자가 소리를 담고, 소리 담은 글자가 여러 이미지로 변신, 다른 그림들과 어우러지면서, 분명 겉으로 드러나 있지 않으나 숲속에, 나무에, 우리가 살고 있는 즐비한 건물 속에, 어딘가 단단히 붙들고 매달린 채 울고 있는 매미를 만나게 한다. 이미지로 변신한 무수한 글자들의 움직임을 통해, 검정과 대비되는 푸르고 붉은 색을 통해, 매미 소리를 대하는 우리들의 태도를 돌아보게 한다. 7년여의 긴 시간을 땅속에서 기다리다 여름 한철 반짝, 우리 곁에 뜨거운 소리로 머물다 가는 매미의 존재를 헤아려 보게 한다.

놀랍다. '맴'이라는 글자가 빗방울로 변해가는 모습이. 눈물처럼 번진 푸른 물빛 빗방울이 후두둑 쏟아지고 '여름이다!' 선언하는 작가 목소리가 당차 놀랍다. 매미에게 '여름을 더 여름답게 하는' 수식어를 붙이는 작가의 발견이 놀랍다. 덕분에 매미 소리가 다르게 들린다. 이 여름이 또 다르게 다가온다. 정말 여름이다. 그리고 여름 방학이다.

여름 방학을 맞은 아이들은 놀고 싶어 한다. 학교에 안 가도 되니, 아주 실컷 놀고 싶어 한다. 어떤 놀이를 하고 싶어 할까?『최고로 멋진 놀이였어!』그림책을 마주하면 아이들의 속마음을 알 수 있다. 어른 마음과 아이 진짜 마음, 모두 만나며 우리 자신을 돌아볼 수 있다. 앞면지에는 놓치면 안 될, 친절한 안내 글도 적혀 있다. 이 책을 재미있게 보는 팁! 칼데콧 수상작인『최고로 멋진 놀이였어!』는 독자들에게 새로운 독서를 경험하게 한다. 글자 그대로 이해했던 책과 달리 그림과 글을 보며 아이들의 진짜 마음을 추리해 봐야 하는 색다른 책이다. 자, 아이들의 마음은 그림이 맞을까? 글이 맞을까?

　이야기는 에몬과 일주일 동안 자연 캠프에 함께 가기로 한 친구 제임스, 둘이 바닷가 근처 시골집인 에몬의 할아버지네로 가면서 시작한다. 에몬과 제임스가 자연 캠프에 가게 된 건 '자연을 아주 사랑하시는' 할아버지 덕분이다. 이야기가 펼쳐지는 글 속에 색깔과 크기가 다른 글자들이 있는데 그 부분이 '아이들의 진짜 마음을 추리해 봐야 하는' 대목들이다. 예를 들면, 글은 '아주 재미있었어요.'라고 적혀 있는데 그림 속 에몬의 얼굴은 전혀 그렇지 않다. 또, '아주 슬퍼했지요.'라고 적혀 있는 글 아래 그림 속 제임스는 입을 활짝 벌리고 웃으며 "엄마, 안녕!"이라고 말하고 있다. 이런 순간마다 웃음이 터져 나온다. '더 꼼꼼히 관찰하게' 된 '주변 물건들'은 텔레비전으로, '조용한 명상 시간'은 둘이서 게임기를 붙들고 완전히 몰입한 시간으로 그려져 있다.

이렇게 글과 그림이 서로 어긋나는 대목에서 느끼는 짜릿한 즐거움이 이 책의 매력이다. 더구나 '어긋남'은 많은 생각거리를 안겨 준다. 제임스와 에몬에게 뭐 하나라도 더 보여 주고 알려 주려 애쓰는 할아버지와 아이스크림이나 와플처럼 달콤하고 맛난 것을 많이 내주는 할머니. 아이를 위해 애쓰는 보통 어른들의 모습과 크게 다르지 않다. 그러나 제임스와 에몬이 진정으로 원하는 것은 그들 스스로 하고 싶은 것을 마음껏 하는 것. 그러니까, 그냥 내버려 두는 것!

그런 까닭에 제임스와 에몬은 '자연 캠프'를 가리켜 '귀찮게 하기 캠프', '땀 많이 나 캠프'로 이름을 바꾸어야 할 것 같다고 말한다. 그래도 자연 캠프 덕분에 부쩍 가까워진 둘은 '함께 보내는 마지막 날 밤', 팝콘 파티 중 곯아떨어져 잠들고 만 할아버지 할머니 곁을 조용히 빠져나와 바다를 마주보고 나란히 앉는다.

둘은 하늘도 올려다보고 바다 저편도 보았어요.
뭘 할지 아무것도 생각나지 않는 건

일주일 동안 처음 있는 일이었어요.
곧 해가 지고 별이 떠올랐지요.

에몬과 제임스는 곧 '뭔가 떠올리고 바쁘게 움직이기 시작'한다. 그리고 돌멩이와 자연물들을 하나 둘 모아 뭔가를 만들어 낸다. 그건 바로… 남극! 에몬은 검은 조개껍데기와 하얀 돌로 할아버지가 좋아하는 펭귄을 수십 마리 만들어 놓는다. 날이 밝자마자 할아버지와 할머니에게 둘이 만든 걸 보여 주는 에몬과 제임스. 이야기를 전하는 둘의 표정이 환하다. 아마도 일주일 가운데 가장 신나고 즐겁게 이야기한 순간이 아니었을까. '인생 최고의 일주일에서 가장 멋진 일'을 해냈으니까. 헤어지는 마지막 장면에서 펭귄처럼 걸어 나가는 둘의 뒷모습은 부쩍 자라 보인다.

그림책 『마법의 여름』에서는 도쿄에 살고 있는 케이와 유이 형제가 시골에 사는 외삼촌에게 엽서로 초대를 받는다. 놀러 오라는 초대를 마다할 어린이가 있을까? 그것도 '함께 바닷가에 놀러 가자'는데! 여름 방학인데도 엄마 아빠는 회사에 가 있고, 날마다 비슷한 시간을 보내며 심심해하던 케이와 유이. 둘은 '엄마를 조르고 졸라, 마침내' 비행기를 타고 외가로 떠난다. "야호! 우리들의 여름 방학은 이제부터 시작이다!" 형제의 의미심장한 외침. 아이들이 생각하는 '여름 방학'은 이렇게, 조금 특별한 시간, 지루한 일상을 벗어난 새로운 시간이다.

외가가 있는 시골에는 엄마의 안부를 묻는 오래된 이웃들과 케이와 유이를 사랑하는 외삼촌 가족들이 있다. 정情이 살아 있는, 작은 시골 마을에서 케이와 유이는 마을 아이들과 친구가 되어 도시에서 해 보지 못한 것들을 해 본다. 곤충 채집이며 나무 타기, 장수잠자리 잡기, 냇물에서 물놀이. 그러나 익숙하지 않은 만큼 생각보다 힘들고 어렵다. 미끄러져 다치고, 냇물에 빠지고, 모기에게 숱하게 물리며, 온몸은 흙투성이가 된다. 신나는 마음과 달리 몸은 지치고, 기어이 동생은 꼼짝도 못 하겠다며 울기 시작한다. 때마침, 떨어지는 빗방울…. 케이는 동생 유이를 업고 뛴다.

태어나 처음으로 겪은 순간. 온몸이 열렸던 걸까. 케이는 '이상하게 기분이 좋'아, '소나기는 마치 하늘에서 뿌리는 샤워 같'고, '진흙은 자꾸자꾸 더 밟고 싶'더라고 고백한다. 자연과 하나가 된 기분, 바로 이런 게 아닐까. 케이의 마음과 하나 되어 그림책 속에 빠져든 나 역시, 이상하게 기분이 좋았다.

혼날 걱정을 하며 집으로 돌아온 케이와 유이를 외삼촌 외숙모는 다정하게 맞아 준다. 깨끗이 씻고 '꿀맛' 같은 밥을 많이 먹고 곯아떨어진 둘의 모습, 참 평화롭다. 모름지기 아이들은 이렇게 놀면서 자라나는 법인데!

이튿날 외삼촌과 함께 바닷가에 간 케이와 유이는 실컷 논다. 수평선 너머로 지는 커다란 저녁 해를 바라보는 케이. 훨씬 더 새까매진 케이는 누구보다 빨리 일어나고 수박씨도 멀리 내뱉을 수 있게 된다. 뽑기며 전차 타고 멀리 심부름 가기, 그리고 폭죽 막대 오래 들고 있기도 잘할 수 있게 된다. 뿐만 아니라, 낚시 하는 법을 배우자마자 정어리를 많이 낚아 '낚시 달인' 소리도 듣는다.

그러나 만남이 있으면 헤어짐이 있는 법. 낚시하고 돌아온 날 밤, '동생이 커다란 물고기한테 쫓기는 꿈을 꾸고' 집에 간다며 울음을 터뜨려 짐을 꾸리게 된다. "이제 겨우 여기 애들하고 구분이 안 되는데. 또 놀러 오너라!" 하며 아쉬워하는 외삼촌과 작별 인사를 하는 케이와 유이. 둘은 큰 소리로 말한다. "네, 또 놀러 올게요." 두 손 번쩍 들어 인사하는 마지막 장면의 케이와 유이. 그 사이, 둘은 확실히 새까맣게 탔다. 그리고 부쩍 자랐다. 에몬과 제임스처럼.

여름 방학을 맞아 아파트 게시판에는 약속이나 한 듯 영어, 수학 과외 전단지가 쫙 붙었다. 사이사이 방학 특별 프로그램을 운영한다는 학원 전단지도 끼어 있다. 그 뿐인가. 짧지 않은 방학을 알차게 보내길 바라는 어른들 마음 채워 주는 캠프도 셀 수 없이 많이 열린단다. 내용은 저마다 다르지만 놀랍게도 아이들에게서 금쪽같은 자유 시간을 앗아간다는 점은 모두 똑같다.

마법의 여름이다. 매미가 허물을 벗고 날아올라 뜨겁게 노래하는 여름이다. 날마다 정해놓은 시공간에 갇혀 마음껏 자라지 못했던 아이들이 열린 시공간에서 한 뼘 자랄 수 있는 푸른 여름이다. 또 다른 '나'를 만나며 성장할 수 있는 소중한 여름 방학이다. 여름 방학을 제대로 사용하려면 아이들마다 온전한 시간이 필요하다. 나 자신으로 지낼 자기만의 시간이 오롯이 필요하다. 그림책이 일러준, 아이들을 위한 '여름 방학 사용 설명서', 가만히 헤아려 본다.

첫째. 놀기! 둘째. 놀고, 놀고, 또 놀기! 특히, 자연의 품에서 마음껏 놀이하기! 셋째. 실컷 놀고, 많이 먹고, 푹 자기…! 여름 방학의 올바른 사용으로 많은 아이들이 '마법의 여름'을 맞이하면 좋겠다.

나와 달님, 그리고 우리들의 한가위

> ❝ 새삼 밤마다 나를 보아 주던 달님이 고맙다.
> 내가 지치고 힘들 때, 달님처럼 어두운 마음 구석구석
> 밝은 빛 은은하게 뿌려 주고, 바닥에 가라앉은 맑은 기운
> 들썩거리게 해 준 벗님들도 떠오른다. 모두 고맙다. ❞

『호랑나비와 달님』 장영복 글, 이혜리 그림 | 보림 | 2015년
『더도 말고 덜도 말고 한가위만 같아라』 김평 글, 이김천 그림 | 책읽는곰 | 2008년
『분홍 토끼의 추석』 김미혜 글, 박재철 그림 | 비룡소 | 2011년
『달이네 추석맞이』 선자은 글, 차정인 그림 | 푸른숲주니어 | 2013년

⋯

　달님에게 눈코입이 있다면 『호랑나비와 달님』 앞표지처럼 이런 모습일까. 가느다란 눈썹, 지그시 내려다보는 눈동자, 아주 높진 않지만 오똑한 콧날… 무엇보다 달님의 얼굴 표정을 매듭짓는 것은 부드러운 곡선을 그리며 살짝 올라간 얇은 입술의 꼬리. 눈썹에 머물던 눈길이, 그윽한 눈두덩 사이 날렵한 콧등 타고 내려와 옅지만 살짝 붉은 입술 한가운데 닿았다가 입꼬리에 머물면, 아주 보드랍고 따스한 달님의 마음을 느끼게 된다. 달님 뺨을 스치는 숱한 선들이 여러 겹의 마음으로, 차가울 것 같은 달빛이 따스하게 다가온다.

　앞뒤의 표지를 펼치면 달님 눈빛이 어디에 머무는지 알 수 있다. 오동통한 애벌레들 가운데 고개 들어 위를 바라보는 애벌레 한 마리. 달님 눈동자가 애벌레의 특별한 눈에 가 닿는다. 보이지 않는 대각선이 연결된다. 사이를 세로로 가르는 책등, 그 속에 박힌 '호랑나비와 달님' 제목 글자, 그리고 분홍이 더 많이 들어간 살구색. 앞뒤 면지를 가득 채운, 화사한 살구색이 가운데서 빛난다, 달님처럼.

　밤에도 꺼지지 않는 불빛이 즐비하고 어디를 가든 환한 등불이

가득한 서울에 살 때는 미처 몰랐다. 그때 나는 밤하늘을 자주 올려다보지 않았던 것 같다. 굳이 고개를 들어 달님을 바라보지 않아도 눈앞이 훤하다고 여겼으니까. 내 마음 어둔 곳 알아차리고 가만히 들여다볼 짬이 별로 없었다. 낯선 곳으로 떠나와서야 올려다보게 된 밤하늘. 달은 밝고, 멋지고, 아름다웠다. 한동안은 달님만 보면 눈물이 비어져 나왔다. 까닭을 알 수 없이, 눈물이 새어 나왔다. 좀 지나서는 달님만 보면 마음에 주름이 펴진 듯 기분이 좋아지고 새로운 기운이 솟았다. 가만가만 바라는 것들을 속삭이기도 했다. 달님은 어떤 말이든 들어 주었다. 나는 수없이 속삭였고, 숱하게 바랐다.

탱자나무 울타리에서 호랑나비도 손을 모으고 자신이 낳은 알들이 무사히 나비가 되게 해 달라고 마음을 다해 기도한다. '머지않아 세상을 떠나야' 하는 호랑나비는 알들을 돌볼 수 없기 때문이다. 달님은 처음에 난처해 한다. '알이야 스스로 깨어나 제 힘으로 자라'는 거고, '달님이라고 뾰족한 수가 있'는 게 아니니까. 그저 '다정한 말 한마디'라도 건네려던 달님은 호랑나비가 이내 사마귀에게 붙들려 잡아먹힌 것을 알고, 고개를 저으면서도 마음을 쓴다. 애벌레를 살펴본다. 잊어버리자, 하면서도 자꾸 눈길을 주고 자라는 모습을 지켜보며 흐뭇해 한다. 그러나 많던 애벌레는 단 한 마리만 남고, 그마저 잘못될까 가슴 졸이고 애태우며 마음을 보내는 달님. 애벌레는 고치를 짓고, 달님은 겨울이 지나 '봄이 올 때까지 고치가 무사하기를' 빈다.

드디어 찾아온 봄, 고치가 움찔거리더니 '까뭇한 벌레가 쑤욱', 고치에서 빠져나와 천천히 날개를 편다. 후르륵! 호랑나비 한 마리가 날아오른다. 아름답다. 내 마음도 날개를 단 것처럼 호랑나비와 함께 날아오른다. '달님 얼굴에 눈물이 또르르' 흐르는 마음, 알 것 같다.

『호랑나비와 달님』은 새로운 그림으로 이야기를 만나게 한다. 사진과 그림을 오려 붙인 콜라주 기법으로 호랑나비와 애벌레를 마주하는 시선에 생기를 불어넣고, 상상이 필요한 달님의 얼굴은 수많은 선들로 다채로운 마음을 보여 주며 깊이를 더한다. 특히, 조각조각 나누어 그린 그림을 이어 붙인 장면들로 시간의 경과를 표현하는 방식이 낯설면서도 새롭다. 작가는 이로써 달이 차고 기울면서 변화하는 모습과 더불어 달라지는 달님의 마음 상태를 나란히 보여 주기도 하고, 애벌레들이 다양한 위험에 놓여 순식간에 잡아먹히게 되는 찰나를 아슬아슬하게 보여 주기도 하며, 고치 짓는 애벌레의 안간힘을 섬세하게 보여 주기도 한다. 또, 고치를 둘러싼 땅에서 벌어지는 위험한 순간들과 하늘에서 이를 내려다보며 '가슴이 오그라드는 것'처럼 마음 쓰는 달님의 얼굴을 조각조각 잘라 사이사이 나란하게 붙여 놓은 장면은, 보는 이에게 달님의 마음을 여실히 전한다.

 무엇보다 애벌레들 너머로 언뜻언뜻 보이는 아이들의 활기찬 모습이 반갑고, 애벌레와 더불어 상징처럼 다가왔다. 아이들이 노는 장면은 틈틈이 나온다. 다시 맞은 봄, 고치에서 호랑나비가 나올 때도 뛰어노는 아이들의 모습이 바탕에 그려져 있다. 그리고 호랑나비가 하늘로 날아오를 때에도 땅에서는 아이들이 공을 차며 날아다닌다. 호랑나비 날개 끝에는 오려 붙인 하늘과 달님, 탱자 열매… 사랑의 시간들이 가득하다.

 『호랑나비와 달님』 그림책에는 '살아가는 존재들은 자신을 지켜보는 눈길에서 전해 오는 따스한 사랑을 느낄 수 있다고' 믿는 글 작가와 '달님을 마음에 담기도' 하고, '달님의 마음에 싣기도' 한 그림 작가의 마음이 가득 담겨 있다.

 새삼 밤마다 나를 보아 주던 달님이 고맙다. 내가 지치고 힘들 때, 달님처럼 어두운 마음 구석구석 밝은 빛 은은하게 뿌려 주고,

바닥에 가라앉은 맑은 기운 들썩거리게 해 준 벗님들도 떠오른다. 모두 고맙다. 덕분에 글을 쓰고 버틸 수 있었던 것 같아 참말로 고맙다. 나 또한 살면서 누군가에게 달님 같은 존재가 될 수 있기를…. 앞으로 달님의 얼굴을 가만히, 더 자세히, 올려다보게 될 것 같다.

일 년 중 가장 밝은 보름달을 만나는 한가위가 다가오면, 아이들과 보름달 이야기를 나눈다. 달님에게 빌 소원을 떠올리고 보름달 그림에 나만의 소원을 적어 넣는다. 아이들은 밤마다 고개를 쳐들고 하늘을 바라본다. 달님을 찾는다. "달님이 점점 커지고 있어요." 조잘조잘 달님 이야기를 한다.

물론, 아이들이 신나게 이야기하는 것은 보름달에 비는 소원이다. 다섯 살 아이들은 '구름까지 키 크고 싶어요.'처럼 자기 이야기가 대부분이라면 여섯 살, 일곱 살 아이들은 '우리 가족 잘 살게 해 주세요.', '엄마 아빠 건강하고 오래오래 살게 해 주세요.', '돈 많이 벌게 해 주세요.' 같은 가족 이야기도 많다. 일곱 살 아이들은 '동물원 사육사 되게 해 주세요.', '검은 띠를 달게 해 주세요.'처럼 콕 집어 자신의 꿈, 특별한 바람을 적어 넣기도 한다. 교실마다 아이들 소원이 박힌 보름달이 걸리는 한가위. 선생님들은 한가위 그림책들을 찾는다.

해마다 유치원에서 한가위 잔치 마당을 벌이며 만나는 그림책으로는 『솔이의 추석 이야기』가 가장 오래 되었다. 한동안 『솔이의 추석 이야기』 그림책으로 한가위 맞을 채비를 하고, 한가위 이야기를 마무리할 정도로 각 반마다 오래 곁에 두고 보았다.

그러다가 『더도 말고 덜도 말고 한가위만 같아라』 그림책이 나왔을 때 참 반가웠다. 제목도 좋고, 옥토끼들이 강강술래 하는 표지도 아름다워 어른들과 아이들과 여러 가지 방법으로 만나곤 했다. 그 뒤로 『분홍 토끼의 추석』 『달이네 추석맞이』 그림책도 새로 나와 이제는 한가위 그림책이 풍성해졌다.

『더도 말고 덜도 말고 한가위만 같아라』 그림책은 옥토끼가 주인공이다. 옥토끼는 그 옛날, 추석 하루 전날로 우리를 데려가 추석 맞는 풍경을 자세하고도 친절하게 알려 준다. 이 책은 옥토끼가 밤송이를 주워드는 첫 장면부터 그림이 남다르다. 색과 방향, 굵기가 다른 여러 선들이 모여 마법처럼 입체감, 생동감이 살아나는 형상을 빚어낸 것이다. 그림 작가는 수많은 선들로 토끼 얼굴의 털을 생생하게 표현함은 물론, 음식에서 피어나는 냄새, 가마솥에서 새어나오는 연기, 성묘하러 간 조상 무덤 앞 잔디들을 실감나게 보여 준다. 이처럼 독특한 그림으로 독자를 사로잡는『더도 말고 덜도 말고 한가위만 같아라』는 송편 빚기처럼 음식 준비부터 올게심니, 차례 지내고 성묘하기, 반보기, 소놀이, 달 보고 소원 빌기, 강강술 래까지 추석 이야기를 알차게 담아 들려준다.

『분홍 토끼의 추석』그림책은 또 다른 토끼, 분홍 토끼가 주인공 이다. 달나라 계수나무에서 떡방아를 찧다가 절굿공이를 떨어뜨 린 분홍 토끼가 조각구름 징검다리를 건너 사람 사는 세상으로 내 려오면서 이야기가 시작된다. 절굿공이를 되찾아 다시 달나라로 돌아가려고 하는 분홍 토끼의 이야기가 하나의 줄기를 이루고, 분 홍 토끼가 보고 듣는 이야기인 달동이, 해동이 추석 지내는 이야기 가 또 하나의 줄기를 이루어 두 줄기의 이야기가 같이 엮여 있다. 귀여운 분홍 토끼가 달나라로 돌아가려고 애쓰는 모습은 익살스 런 그림이 더해져 특별한 즐거움을 안겨 준다. 소놀이, 줄다리기처 럼 놀이가 펼쳐지는 풍경 속에서 분홍 토끼를 찾아보는 재미도 쏠 쏠하다. 분홍 토끼는 추석날 밤 '연못에서 일렁거리고 있는 황금빛 달을' 마주하는데 마침 떨어져 내린 조각구름을 타고 달나라 계수 나무 아래로 돌아간다. 달동이가 두 손 모아 빌며 바라보는 보름달 속에는 분홍 토끼가 신나게 절구를 찧고 있다. 분홍 토끼의 모습에

저절로 웃음이 번지는 그림책이다.

『달이네 추석맞이』 그림책에는 여자아이 달이와 달이랑 동갑이면서 오빠인 체 하는 큰집 아들 해준이가 나온다. 달이가 까불 대장 해준이랑 옥신각신, 실랑이를 벌이며 추석 이야기를 들려준다. 할머니 할아버지네 집에서 일어날 법한 이야기를 담고 있어 아이들이 재미나게 만날 수 있다. 특히, 이 책에는 '한가위 씨름 대회' 풍경이 펼쳐진다. 단오 잔치 때마다 즐기는 씨름, 한가위 잔치하며 반갑게 해 볼 수도 있다.

한가위 송편 빚고, 전래놀이 즐기며, 아이들과 차례 상 차려 감사하는 마음 나누는 한가위 잔치! 그림책과 더불어 잔치를 즐길 수 있어 좋다. 그림책과 나란한 경험을 나눌 수 있어 기쁘다. 한가위 날, 어김없이 휘영청 떠오를 보름달 아래 아이들은 어떤 소원을 빌까. 달님 아래 두 손 모으고 무엇을 바라게 될까.

보름달 바라보며 비는 우리들의 소원들이 모두 모여, 세상이 달빛처럼 밝고 환해지는 시간들로 둥글게, 둥글게, 이어지면 좋겠다. 그렇게 된다면 정말 좋겠다.

가을날, 콩으로 메주 쑤며 웃음꽃 활짝!

> 새끼 꼬아 걸어 놓은 메줏덩이에 잠옷 바람의 가족들이
> 한 사람씩 올라타 매달린 마지막 면지 그림은 다시 봐도 정겹다.
> 갑자기 장 담그기, 라는 글자가 정(情) 담그기로 읽힌다.

 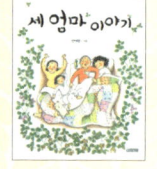 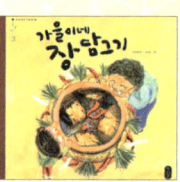

『가을을 만났어요』 이미애 글, 한수임 그림 | 보림 | 2002년
『세 엄마 이야기』 신혜원 지음 | 사계절 | 2008년
『가을이네 장 담그기』 이규희 글, 신민재 그림 | 책읽는곰 | 2008년

...

　유치원 마당으로 나가는 아이들 손에 잠자리채며 채집통이 들려 있다. 시끌벅적 들떠 있는 아이들 곁에 서서 하늘을 올려다본다. 파아란 하늘 가르며 몽실몽실한 구름이 흘러간다. 저만치 가지를 축축 늘어뜨린 감나무가 보인다. 감은 꽁무니부터 발그레 익어가는 중이고, 감나무 너머 텃밭에서는 무가 흙을 밀고 나와 연둣빛 이마가 조금 드러나 있다. 흙 위로는 푸릇한 무청이 쑥쑥 자라 푸짐하게 퍼진 옆자리 배추를 힐끔거리고 있고, 배추는 텃밭 울타리를 에워싼 호박잎 덩굴을 올려다보고 있다. 호박잎이 누렇게 말라가는 커다란 손 흔들며 바람에게 안녕, 한다. 가을이다.

　잠자리는 보이지도 않는데 신발 신고 뛰쳐나와 잠자리채를 휘두르는 아이 모습 위로『가을을 만났어요』그림책 표지가 포개어진다. 꼭 닮았다. 대체 무엇으로 그린 걸까. 고추잠자리와 만나는 아이의 가을 한 자락이 깊고 그윽하게 담겨 있다. 앞표지와 뒤표지를 활짝 펼쳐, 넓게 이어지는 가을 하늘을 들여다본다. 고추잠자리의 날갯짓과 신난 아이의 웃음소리가 보인다. 구름이 동동 움직이는 것이 보인다. 책장을 넘기도록 손을 잡아끄는 그림의 힘. 단풍잎 한 장으로 우리를 이끈다. 홀린 듯 책장을 넘기면 나직한 아이 목소리가 "내 옆에서 가을이 함께 들길을 걷고 있었어요."라며 이야기를 시작한다.

세상에, 가을바람의 찰나가 고스란히 그림 속에 담겨 있다. 바람을 붙들어 종이 위에 부려 놓은 것만 같은 그림이 시詩 닮은 글과 어우러져 가을을 신비롭게 만나게 하고, 살아 있는 존재처럼 느끼게 한다. '선물이라며 내 손등에 고추잠자리를 얹어 주'기도 하고, '주머니에서 부스럭부스럭 바람을 꺼내더니 들판에 휘리릭 펼쳐' 내기도 했다는 가을. '밭둑에 앉아서 작은 풀꽃 하나하나 은은한 향기를 묻혀 주'고, '긴 손가락을 뻗어 나뭇잎을 물들'이기도 했다는 가을. '덜 익은 사과 알들 가을이 발갛게 발갛게 익혀 주'고, '후드득 후드득 알밤이 떨어'지게, '달콤달콤 감이 무르익'게도 해 줬단다. 아이는 가을이 '잘 쉬었다고 고개 숙여 인사하고 달빛 깔린 길로 천천히 걸어갔'다며 마지막으로 속삭이듯 말한다. "나는 마당 가득 떠도는 가을 냄새를 맡으며 저렇게 멋진 손님이라면 내년 이맘때도 꼭 초대해야겠다고 생각했어요."

고개를 끄덕이며 마지막 장을 넘기면 밤갈색 바탕에 박힌 작가 소개와 서지 사항이 보이고, 이어진 뒤면지에 앞면지와 조금 다른 색이 가득 차 있다. 달라진 색을 찬찬히 가슴에 들이며 가을 빛깔을, 가을 냄새를 헤아려 본다. 가을과 겨울 사이, 길목을 생각한다.

문득, 가마솥이 떠오른다. 연기 피어오르며 폴폴 흩날리던 재 냄새도 훅 끼쳐온다. 해마다 가마솥 걸었던 마당 자리를 둘러본다. 고개를 드니, 곳곳에 서 있는 나무들이 보인다. 아직은 나뭇가지에 나뭇잎들이 많이 붙어 있지만 차츰 바람과 함께 긴 긴 여행을 떠나겠지. 가을을 향해 인사하며 남은 잎을 훌훌 떨어뜨리겠지. 그러면 쌀쌀해지고 마당은 썰렁해지리라. 그러나 그 전에 아이들과 더불어, 어김없이 하는 일이 있다. 바로바로, 메주콩 삶아 메주 빚기!

솔직히, 도시에서 나고 자란 내게 '메주'라는 단어는 별로 마주칠 일 없는, 낯설고 신기한 말이었다. 서른 해 넘도록 나는 메주콩이 뭔지도 모르고 살았다. 간장, 된장, 고추장, 장 삼 형제는 마트에서 사는 줄만 알았다. 그런데 여기, 이곳에 와, 아이들과 날마다 마주할 '생명 밥상' 궁리를 하다 어찌어찌, 직접 메주 빚어 장 담그기를 하게 되었다. 물론 혼자서는 엄두도 못 냈을 거다. 그림책『세 엄마 이야기』처럼 "도와줘!" 소리치면 번개처럼 바람처럼 나타나 도와주시는 '엄마' 같은 분들이 곁에 계셔 시작할 수 있었다.

아이들과 텃밭에 콩 심어 가꾸고, 콩꼬투리가 열리는 것도 처음으로 가까이 보았다. 콩 나오는 그림책 찾아 이것저것 살펴보고 갖가지 콩도 교실마다 한 움큼씩 들였다. 그 사이, 콩잎도 콩꼬투리도 누렇게 물들어 가기 시작했다. 『세 엄마 이야기』 속 '엄마의 엄마' 같은 하모니 선생님이 곁에 계시지 않았다면 콩꼬투리를 하나씩 똑똑 떼어 일일이 하나하나 콩을 땄을지도 모른다. 열일곱 살 시집 와 농사일 거들기 시작했다는 할머니 선생님 덕분에 우리는 지혜롭게 콩을 거둘 수 있었다. 콩잎은 거의 떨어지다시피 하고 콩꼬투리도 마른 것 같은 어느 가을날, 아이들과 텃밭으로 나갔다. 연장도 들지 않고, 여럿이 함께 콩 줄기를 잡고 뿌리째 뽑았다. 아이들은 뽑아낸 콩 줄기를 흔들어대며 소리를 질렀다. 보물섬에서 보물 찾은 이들처럼 난리였다.

콩 털고 콩을 모두 모아두었던 그해 만난 『세 엄마 이야기』, 얼마나 반가웠는지 모른다. 그림책 속 이야기가 우리 이야기이기도 했다. 아이들이랑 "엄마! 도와줘!" 외쳐가며 신나게 읽은 기억이 싱글거린다. 새삼 다시, 들춰 본다. 그때는 콩 심고 가꾸며 수확하는 이야기에만 꽂혔나 보다. 보지 못했던 것들이 보인다.

그림책 『세 엄마 이야기』에는 세 엄마가 나오는데 엄마, 엄마의 엄마, 엄마의 엄마의 엄마가 바로 그들이다. 도시에 살다 시골로

이사 간 엄마는 콩가루 듬뿍 묻힌 인절미를 떠올리며 '장바구니 하나 가득 콩을 사' 온다. 그런데 '콩을 어떻게 심어야 할지' 모르는 엄마는 콩 심을 때부터 어려움과 맞닥뜨린다. 구부러진 숟가락을 내려놓고 땅바닥에 주저앉은 엄마의 모습은 옛날이야기 속 콩쥐 같다. "엄마, 도와줘!"라고 소리치자 쌩쌩 달리는 자전거를 타고 엄마의 엄마가 바로 등장한다. 호미로 땅 파고 돌과 풀 골라내 이제야 제대로 콩을 심는구나 했더니 이번엔 엄마의 엄마가 "엄마! 도와줘!" 소리친다. 그랬더니 백마 탄 왕자처럼 누렁소 타고 날쌔게, 엄마의 엄마의 엄마가 나타난다. 꽁꽁 묶은 연장 한 다발 등에 짊어진 왕 할머니의 등장에 모두 놀라는데, 그림 속 놀란 표정들이 재미지다.

엄마들의 도움으로 한 고비 한 고비 넘어가며 엄마는 고단할 텐데도 짬을 내 행복하게 바느질을 한다. 첫 번째 작품이 흰 천을 잘라내 이어 붙인 모자, 두 번째 작품이 체크무늬 초록 천 재단하여 모자이크처럼 여러 가지 천을 밑단에 이어 붙인 조끼, 그리고 마지막 작품이 앞표지에도 나오는 널따란 조각 이불이다. 모자는 엄마의 엄마가 쓰고, 조끼는 엄마의 엄마의 엄마가 입고, 조각 이불은 모두가 함께 덮는다. 손바느질로 정성껏 만든 이 작품들은 콩을 심고 가꾸기까지 얼마나 많은 시간이 필요한지 말해 주는 '시간의 증

표'이자, 감사한 마음을 전하는 '사랑의 증표'가 아닐까. 처음엔 빨간 구두였던 엄마의 신발이 굽 없는 신발을 거쳐 고무신으로 바뀌었다는 것도 이번에 알아차렸다. 나중엔 어른 아이 할 것 없이 모두 검정 고무신을 신고 있다는 사실도…. 수확한 콩을 깨끗이 씻어, 잘 삶고 으깨 메주로 만들어 매단 '세 엄마'는 한 이불을 덮고 달고 단 잠을 청한다. 새끼 꼬아 걸어 놓은 메줏덩이에 잠옷 바람의 가족들이 한 사람씩 올라타 매달린 마지막 면지 그림은 다시 봐도 정겹다. 갑자기 장 담그기, 라는 글자가 정情 담그기로 읽힌다.

메주 쑤는 날은 이른 새벽부터 마당에 솥을 걸고 가마솥 한가득 '물에 불린' 콩을 넣고 삶는다. 그날은 유치원에 들어서는 사람마다 코를 벌름거린다. 왠지 마음을 달뜨게 하는 구수한 냄새가 마당 가득 번지고 장작불이 수그러들면 제대로 삶아진 콩을 맛볼 시간! 가마솥 뚜껑을 열자마자 솟구치는 연기에 놀란 아이들은 커다란 주걱으로 떠올린 누릇누릇 메주콩을 보고 "콩이 변신했다!"며 두 번 놀란다. 두 손가락으로 처음엔 콩 한 알씩 집어 입 안에 넣다가 나중 되면 한 주먹씩 움켜쥐고 먹으려는 아이들. "고구마 맛이다.", "밤 맛 나." 하며 자꾸 집어 먹는다.

삼삼오오 모여 "아, 맛있다!" 소리 주고받으며, '탱글탱글 삶은 콩을 후후 불어' 먹는 그 모습이 『가을이네 장 담그기』 그림책 속 가을이랑 똑같다. "어허, 너무 많이 먹으면 배탈 난다!" 소리치는 할머니 선생님 소리까지도…. 삶은 콩을 맛본 뒤에는 절구질을 할 차례! 마당 구석 자리에서 364일 동안 묵묵히 이 날을 기다려온 절구와 절굿공이가 때 빼고 광내고 삶은 콩을, 아이들을 두근두근 맞는다. 둘이서 절구질하기 얼마나 어려운지 삶은 콩들 사이에 처박힌 절굿공이 못 빼서 낑낑 힘쓰기 일쑤, 다섯 살은 절굿공이 붙든 것만으로도 좋다고 히히 헤헤, 일곱 살은 젖 먹던 힘까지 다 내어 제법 콩을 짓찧는다.

삶은 콩 짓찧으면 교실로 나누어 들고 들어가 메주 빚는다. 따듯하고 몰랑몰랑한 삶은 콩을 메주 틀에 넣어 차지게 누르고 눌러 작은 메주 빚는다. 소쿠리에 짚 깔고 모두 모으면 올망졸망 아이들 닮은 메주가 한 가득, 얼씨구 좋다!

메주가 어느 정도 '꾸덕꾸덕 마르면' 새끼줄로 꼬아 줄줄이 걸어 매단다. 교실에는 아이들이 빚은 메주가 '조롱조롱', 교실 밖 바람 잘 나는 곳에는 할머니 선생님이 빚어 주신 유치원 메주가 '대롱대롱' 걸린다. 첫 해만 해도 과연 '메주 꽃'이 필까, 의심 반 걱정 반이었는데 이제는 안다. 여기서도 메주가 띄워지고 이듬해면 맛난 장을 담글 수 있다는 사실을. 아이들은 한 살 더 먹고 가장 큰형님이 되어야 장 담그기를 할 수 있다. 간장, 고추장, 된장, 장 삼 형제를 모두 만난다. 시간이 걸려야 맛 볼 수 있는 장 담그는 기쁨, 해마다 새롭고 값지다.

『가을이네 장 담그기』 그림책 만나는 아이들 입에서 "우리도 했는데…", "우리랑 똑같다, 그치?" 소리가 즐겁게 나올 때면 마주하는 얼굴에 웃음꽃이 활짝 피어난다. 이 순간, 오래된 과거와 현재 그리고 미래가 서로 껴안고 있다는 생각이 든다.

콩으로 메주 쑤고 빚어 매달면 깊어진 가을도 대롱대롱 끝자락. 웃음꽃 활짝 피우며 여럿이 메주 빚고 조물조물 추억 만들어 낸 아름다운 가을날의 기억, 부디 잃어버리지 않기를 바라본다. 손 내밀어 쬐던 가마솥 장작불 온기, 알싸하게 코끝에 닿았던 불 냄새, 삶은 콩의 구수하고 달콤한 맛, 장 삼 형제와의 즐겁고 신나는 만남, 오래도록 행복하게 기억하기를….

여럿이, 더불어, 따듯하게 겨울나기

> 어쩌면 산다는 건 '두근두근'의 연속일지도 모른다.
> '두근두근'을 놓치지 않고 살아가면 좋겠다.
> 브레드 씨처럼.

『탄 빵』 이나래 글·그림 | 반달 | 2015년
『두근두근』 이석구 글·그림 | 고래이야기 | 2015년
『팥죽 호랑이와 일곱 녀석』 최은옥 글, 이준선 그림 | 국민서관 | 2015년

...

　빵 봉지에서 『탄 빵』을 꺼낸다. 어쩌나, 빵이 정말 새까맣게 탔다. 빵 부스러기조차 까맣다. 나도 모르게 중얼거린다. "이 빵, 어떻게 먹지?" 손에 든 건 분명 그림책 『탄 빵』인데 꼭 빵을 들고 있는 것 같은 이 기분, 신기하다. 열 살 큰아이가 소리친다. "엄마도 빵 많이 태웠잖아!" 나는 씁쓸하게 웃으며 눈빛으로 받아쳤다. '엄마도 알거든. 그때마다 아까워서 엄마 혼자 먹었거든.' 물론 나는 긁어내거나 잘라내어 탄 부분은 빼고 먹었다. 한 두 개도 아니고 빵 여러 개를 태워 남몰래 꾸역꾸역 탄 빵 먹을 때의 마음이란… 딱 『탄 빵』 면지 그림 같다.

　빵을 태운 주인공은 누구일까. 면지를 넘기니 한 무리의 동물들이 보인다. 너구리, 기린, 기린 머리 위 박쥐, 얼룩말, 토끼. 다들 두 발로 성큼, 앞을 바라보고 걸어가는데 맨 뒤 토끼만 뒤를 돌아본다. 고개를 돌려 까만 실타래 엉킨 듯 그려진, 새까만 그을음 가득 찬 연기 속을 쳐다보고 있다. 똥그란 눈과 아주 작은 코, 무엇보다 동그랗게 벌어진 조그마한 입이 뭐라고 말하는 것 같다. 그림책에 코를 박고 들여다본다. 토끼가 누군가한테 마음 쓰고 있는 게 틀림없다. 누구일까. 알았다. 제목 화면 속에 거북이가 있다. 두 팔 내밀고 혼자 걸어가는 거북이. 딱 봐도, 아까 만났던 동물들과 걸음걸이가 다르다. 천천히, 조심조심 가고 있다.

그림책은 식빵 한 덩이와 토스트기를 나란히 보여 주며 "아침입니다."라고 시작한다. 이어지는 그림은 '똑딱 똑딱' 구워지고 '퉁!' 튀어나오는 식빵들. 재미있는 건 구워지는 시간과 구워진 식빵 생김새가 모두 다르다는 사실. 식빵 색깔과 무늬가 달라질 때마다 누가 구운 식빵인지 맞추는 재미가 쏠쏠하다. 그런데 문제는 거북이의 탄 빵. "오늘도 거북이 빵이 타 버렸"다니 거북이가 빵을 태운 건 처음이 아닌 모양이다. 모두 모여 구운 빵을 접시에 올려놓고 식탁에 마주 앉아 있는데 거북이 자리만 비어 있다. 동물들은 '슥삭 슥삭' 빵을 자르기 시작한다. 그림이 담담하다. 그런데 반전 같은 이야기가 펼쳐진다. 자기 빵을 잘라 한 조각씩 나눈 동물 친구들이, 거북이 빵도 잘라 접시에 골고루 나누어 담은 것이다! 이윽고 깨끗이 비운 접시를 보여 주며 말한다. "잘 먹었습니다." 그리고 끝.

세상에나! 보여 주지 않은 장면들을 상상한다. 빵을 잘라 접시에 나누어 담은 다음, 곧바로 거북이를 불렀겠지. 괜찮다고 같이 먹자고 했을 거야. 그리고 탄 빵 한 조각씩 나누어 먹은 거야. 다른 빵

다섯 조각이랑 같이. 거북이 마음이 어땠을까. 마지막 장을 넘겨 거북이를 찾았다. 아니나 다를까. 맨 앞에 선 거북이가 웃고 있다. 튀어나온 입술이 사랑스럽다. 빨라진 걸음이 신기해 발을 자세히 들여다보니 바퀴 달린 신발을 신고 쌩쌩 달리고 있다. 마음에 미소가 번진다. 서로 다른 여섯 개의 식빵 조각이 하나의 식빵 모양이 된 뒤표지 마주하며 다시 조심스럽게 빵 봉지 닮은 봉투에 담는다. 따스하다. 이 빵, 누군가와 나누고 싶다.

마음이 '두근두근 빵집'을 찾아간다. 얼마 전에 알게 된 두근두근 빵집에는 브레드 씨가 산다. 처음 만났을 때 브레드 씨는 얼굴을 제대로 보여 주지 않았다. 엄청난 '부끄럼쟁이'라고 했다. 하지만 '모두가 잠든 밤', 빵 냄새에 이끌려 자신을 찾아온 동물들에게 '깜짝 놀라 허둥지둥, 가슴이 두근두근' 하면서도 갓 구운 빵과 따스한 마음을 전하는 사이, 나는 브레드 씨 얼굴을 조금씩 볼 수 있었고 표정이 달라지는 것을 느꼈다. 이제 더 이상 '브레드 씨는 문 두드리는 소리에 놀라'거나 '사람들을 피하지' 않았다. 기뻤다. 브레드 씨가 만든 빵이 마을 사람들에게까지 소문이 난 건 당연했다. 그렇게 '두근두근 빵집'이 열리고, 나는 단골이 되었다. 내가 좋아하는 빵은 '두근두근 빵'이다. 두근두근 빵은 브레드 씨가 며칠 째 '콩콩!' 문만 두드리고 사라져 버린 누군가를 위해 새롭게 만들어 정성껏 구운 빵이다. '문 두드리는 소리가 들리는 시간에 맞춰' 문 밖에 식탁을 내어 놓고 한 접시 가득 놓아둔 두근두근 빵, 보기만 해도 '두근두근'하다. 커다란 그림자를 드리우며 두근두근, 나타난 누군가는 바로… 사자! 빵 혼자 먹다가 "목마르지 않니? 주스 마실 래?"라고 묻는 목소리에 깜짝 놀란 사자의 '두근두근'과 설레는 마음으로 사자를 바라보는 브레드 씨의 '두근두근'이 마주하는 순간, 지켜보는 가슴도 기분 좋게 두근두근….

새삼 '두근두근'하던 일이 떠오른다. 이 글을 쓰기 시작할 때쯤, 시작해도 좋을지 고민하며 정말 가슴이 '두근두근'했다. 부끄러웠다. 많이 부끄러워 망설였다. 어쩌면 나는 내가 엮은 그림책 이야기가 '탄 빵'이 되지는 않을까, 두려웠던 것 같다. 『탄 빵』 그림책 속 거북이처럼 서툴고 느린 내가 잘 할 수 있을까, 잘 쓸 수 있을까, 걱정했던 것 같다. 한없이 늘어지던 걱정 속에서도 한편으로는 그림책 이야기를 누군가와 나눌 수 있다는 생각이 '두근두근' 가슴 설레게 했다. 그리고 원고를 궁리하고 써나가며 떨림과 설렘의 '두근두근'은 계속 되었다. 어쩌면 산다는 건 '두근두근'의 연속일지도 모른다. '두근두근'을 놓치지 않고 살아가면 좋겠다. 브레드 씨처럼.

참, 12월에는 가슴 두근거리며 아이들과 기다리는 날이 있다. 팥죽 끓여 먹는 동짓날이 그날이다. 무 뽑고 배추 뽑아 헛헛해진 텃밭에 가마솥 걸고 군불 지펴 커다란 나무 주걱으로 휘휘 저어가며 끓여 낸 팥죽 맛은 먹어 본 사람만 안다. 팥죽이 펄펄 끓으면 아이들을 마당으로 불러내 팥죽 한 그릇씩 시린 손에 들려준다. 팥죽 한 그릇 먹고 마당에서 놀고, 놀다가 팥죽 한 숟갈 더 얻어먹고, 먹고 놀고, 놀고 먹고 한다. 언젠가는 팥죽 먹는 와중에 눈까지 펄펄 내려 아이들과 두근두근 신나는 동짓날을 보낸 적도 있다. 이렇게 동짓날 팥죽 쑤어 먹고 나면 아이들과 어김없이「팥죽할멈과 호랑이」이야기를 나눈다. 그래서 동짓날이 다가오면 팥죽할멈과 호랑이가 나오는 그림책들을 모두 챙겨 놓곤 하는데 새로 나온 그림책을 만났다.『팥죽 호랑이와 일곱 녀석』, 제목부터 다르다. '팥죽할멈'이 아니라 '팥죽 호랑이'란다.

옛날 옛날에 팥죽 할머니가 살았어.
아, 너희도 알고 있다고?
그럼 지게, 멍석, 절구와 개똥, 알밤, 자라, 송곳에게
혼쭐이 난 호랑이도 생각나겠네?

이렇게 시작하는 이야기, 가만 보니 우리가 알고 있는「팥죽할

멈과 호랑이」의 뒷이야기다. 차가운 강물에 빠진 호랑이가 살아나와 신령님에게 복수할 방법을 일러달라고 하자, 신령님은 팥 한 되를 툭 내주고 팥 농사를 지으라고 한다. 농사를 지어본 적 없는 호랑이가 팥 농사를 잘 지을 리 없다. 첫 해는 말아먹고 이듬해에서야 정성껏 바쁘게 팥을 가꾸고 거두어 신령님을 찾아간다. 그랬더니 이번에는 팥죽을 쑤어 오라고 한다.

　어렵게 겨우겨우 팥죽을 쑤면서 호랑이는 팥죽 할머니 생각을 여러 번 한다. 이토록 어렵고 힘들게 만든 팥죽을 손쉽게 빼앗아 먹었던 자기 자신이 부끄러워진 것. 이때, 신령님은 호랑이에게 이미 마음이 복수할 방법을 알고 있다며 팥죽 할머니 집으로 가보라고 한다. 다시 찾은 팥죽 할머니 집에서 호랑이는 '지게, 멍석, 절구와 개똥, 알밤, 자라, 송곳이 팥죽 할머니를 머슴처럼 부려 먹고 있'다는 사실을 알게 된다. '속이 부글부글 끓'어오른 호랑이는 일곱 녀석을 혼쭐내고 할머니를 모시기로 한다. 그리고 갈 곳이 마땅치 않은 일곱 녀석을 용서하고 다 같이 팥 농사를 짓는다. 일곱 녀석이 저마다 가진 재주로 팥 농사를 지으니 손발이 척척, 모두 함께 열심히 일해 거둔 팥으로 맛난 팥죽 쑤어 먹는 마지막 장면이 정겹다.

환하게 웃는 얼굴로 호랑이가 "모두 함께 나눠 먹으니 더 맛있는 거 같아요."라고 한 말이 아이들이 했던 말과 똑같아 반갑다. 한 상에 둥그렇게 모여 앉아 뜨끈한 팥죽 호호 불어 가며 하하 호호 맛있게 먹는 모습도 아이들 모습과 꼭 닮아 웃음이 난다. "하얀 눈이 펑펑 내려 초가지붕 위에 소복하게 쌓"이고, 마당이며 산자락 나무들에 하얗게 내려앉은 마지막 풍경이 따스하고 평화롭다. 여럿이 함께 일하고 더불어 나눈 까닭이겠지.

춥고 시린 겨울날이다. 온몸을 파고드는 한겨울의 추위보다 견디기 어려운 것이 마음자락에 스며드는 추위다. 이상하고 이상해서 더 이상할 것도 없다고 마음을 놓아 버리게 하는, 차갑고 쌀쌀한 바람이 무섭다. 매섭고 혹독한 추위가 마음의 온기를 앗아가려고 하는 것 같아 두렵고 불안하다. 마음이 꽁꽁 얼어붙은 사람들이 불어나는 건 아닌가, 조바심이 난다.

'탄 빵' 나누어 먹는 마음을 다시 생각한다. 서툴고 느리다고 내치고 밀어내는 것이 아니라 기꺼이 기다려 주고 부족한 부분 채워 주는 마음을 생각한다. 두근두근 빵집의 브레드 씨를 다시 떠올린다. 도움이 필요한 이들에게 갓 구운 빵을 기꺼이 내어 주던 브레드 씨의 가슴을 생각한다. 힘 좀 있다고 땀 흘려 이룬 남의 것을 손

쉽게 빼앗던 호랑이가 팥죽 호랑이로 거듭 나 손수 팥죽 쑤어 나눈 이야기를 떠올린다. 따듯한 온기를 지닌 말, '나눔'과 '연대'를 생각한다.

　여럿이, 더불어, 따듯하게 겨울나기.

　간절한 마음으로 적어 놓고, 어떻게 하면 좋을지 곰곰이 궁리해 본다.

두울.

반짝반짝, 우리가 자랄 때

햇빛에 짠, 우리는 자라요

❝ 그래, 모든 순간들이 모여서, 모이고 모여서, 새로운 시간이 오는 거야. 믿어. 용기를 내. 괜찮아, 괜찮아. 정말 괜찮아. ❞

『나뭇잎 마술』 타다 타에코 글, 야마모토 나오아키 사진, 정영원 옮김 | 비룡소 | 2017년
『나는 자라요』 김희경 글, 염혜원 그림 | 창비 | 2016년

...

    2016년 늦겨울, 유치원 마당을 갈아엎었다. 첫 삽 뜨던 날, 마음속엔 모험 놀이터가 펼쳐졌다. 오르고 내릴 수 있는 흙산, 숨기 좋은 구멍─터널, 무엇보다 기대되는 물이 흐르는 물길 모험 놀이터. 설레고, 신났다. 잠도 오지 않을 만큼. 그러나 마당이 모험 놀이터로 변신하는 과정은 쉽지 않았다. 모든 것이 생각과 달랐다. 뿌리째 뽑혀 여기저기 생채기 난 채 구석에 비스듬히 서 있는 감나무를 쓰다듬으며 찔끔, 눈물이 나기도 했다. 미안해, 조금만 기다려 줘.

    모험 놀이터는 금세, 뚝딱, 생겨나지 않았다. 어디선가 도깨비방망이를 빌려 오고 싶은 날이 이어졌다. 새 학기가 시작되는 날이 바짝바짝 다가왔다. 애가 탔다. 아직 모험 놀이터로 변신을 마치지 못한 마당은 헛헛하고 쓸쓸해 보였다. 문득, 지난 십여 년간 함께했던 마당 풍경이 떠올랐다. 언제나, 거기, 그 자리에, 늘 그렇게 있던 정겹고 따스한 풍경들이 새삼 그리웠다. 아, 스스로 엄청난 모험 길에 들어섰구나, 싶었다. 익숙하게 지낸 시간들과 안녕, 하고 낯설고 새로운 시간을 통째로 떠맡아야 하는 모험… 가슴이 두방망이질했다. 눈이 빡빡하고, 머리가 어질했다. 그 순간, 내 앞에 나타난 『나는 자라요』.

앞표지를 보자마자 느껴지는 바람. 아이가 바람을 타고 있다. 지그시 눈 감고 두 팔 벌려 바람을 즐기고 있다. 바람에 몸을 맡기고 있다. 바람에 맞서기보다 마치 바람과 한 몸인 것처럼 바람 속에 서 있다. 둘레로 풀이 눕는다. 살랑살랑, 풀들이 춤추며 눕는다. 누웠다 일어날 거야. 가슴속에 맴도는 혼잣말… 흔들리고 흔들거리겠지만 바로 설 거야. 알 수 없는 힘에 이끌리듯 손끝이 책에 닿고 표지가 넘어간다.

자, 이번엔 하늘을 바라보세요, 하는 것처럼 온통 푸른 면지. 하늘거리는 바람의 또 다른 빛깔처럼 말간 물빛 하늘을 투명한 흰색 글씨가 가로지른다. 이 세상 모든 어린이들에게. 뒤이어 하늘과 구름, 그리고 바람에 누운 풀들이 모두 함께하는 제목 화면이 펼쳐진다. 흰 구름에 박힌 제목 글자, '나는 자라요' 짧은 두 마디에 담긴 짧지 않은 시간이, 흘러가는 구름처럼 스르륵 마음에 스며든다.

첫 문장은 "나는 작아요." 두 마디. 새삼 놀란다. '작아요.'와 '자라요.' 서로 다른 두 단어가 소리로는 꽤나 비슷하다. 어딘지 모르게 서로 닿아 있다. 신기하다. 그림을 보면 아이가 얼마나 작은지 알 수 있다. 엄마 품에 폭 안겨 있는 아이. 딱 그만큼 작다. 글은 왼쪽, 그림은 오른쪽. 글과 그림이 나란히 놓여 있는 첫 장면. 눈길 가는 곳은 글 아래 놓인 화분 하나. 흙더미 들어 올리고 쏘옥, 솟아났을 떡잎이 보인다.

  책장을 넘기면 '아주 조금씩 나는 자라요.'라는 내용과 함께 화분 속 떡잎도 달라져 있다. 새로 줄기와 잎이 나 있다. 책 속 아이의 목소리가 내 목소리와 포개진다. 어느덧 나는 책 속 아이가 된다. 어린아이가 된 내가 나에게 속삭인다. 나는 자라요, 자라요, 자라요….

  어느덧 성큼 다가온 입학식 날. 모험 놀이터 꾸미기를 모두 마치고 반갑고 기쁘게, 가슴 벅차게 맞고 싶었던 새 학기 첫날. 모험 놀이터는 여전히 모험 중이라 '공사 중' 팻말을 떼지 못하고 엎드려 있었다. 기대와 설렘 가득 담은 눈빛으로 모험 놀이터를 힐끔거리는 아이들을 맞으며 나는 떨렸다. 떨리는 마음을 파고드는, 주문 같은 속삭임… 나는 자라요, 자라요, 자라요…. 큰 숨을 들이마시고 내쉬며, 나는 고개를 끄덕였다.

  미리 챙겨 둔 『나는 자라요』 그림책을 품에 안고 모두 모인 강당으로 내려갔다. 전날 밤늦게까지 궁리했던 모험 놀이터 이야기를 솔직하게 나누고, 마지막에 『나는 자라요』 그림책을 읽었다. 목소리가 봄비 맞은 듯 촉촉해졌다.

 분명 내가 읽고 있는데 마이크를 타고 스피커로 흘러나와 귓가에 스며든 소리는 내 목소리가 아니었다. 어딘가 멀리서 나를 위해 달려온 것 같은, 누군가의 목소리였다. 따스한 울림의 소리, 그 소리에 담긴 부드러운 힘이 온몸을 휘감았다. 그리고 속삭였다. 그래, 모든 순간들이 모여서, 모이고 모여서, 새로운 시간이 오는 거야. 믿어. 용기를 내. 괜찮아, 괜찮아. 정말 괜찮아. 자라고, 자라서, 자라날 거야….

 콧물을 훔치고, 나는 씩씩하게 마지막 말을 마무리했다. 깜깜했던 눈앞이 환해졌다. 마술처럼 아주 오래된 과거의 한순간이 나타났다 사라졌다. 지금 강당의 모습으로 바뀌기 전 예전 강당에서 입학식 하던 순간의 모습이었다. 그때는 익숙했으나 지금은 낯설고 어색한 풍경들… 돌아보면 '나'를 둘러싼 세계는 시간의 흐름을 타고 조금씩, 조금씩, 바뀌었다. 달라졌다. 입학한 아이들은 자라고 자라나 졸업했고, 졸업한 아이들은 자라고 자라서 동생을 데리러 왔다. 아장아장 걸음마 떼던 동생 아가가 자라고 자라서 유치원에 입학하고 그렇게 아이의 부모를 다시 만나고….

같은 공간에서 변함없이 지낸 것 같은 나 역시, 이 세월의 흐름에서 벗어날 수는 없을 터. 거울 속의 내가 나에게 묻는다. 아이들과 더불어 자라고 자라나길 바랐는데, 닳아지고 낡아지고 있는 건 아닌지… 그런 생각이야말로 마음에 그늘을 드리우는 거 아니냐고 되묻는, 또 다른 나. 『나는 자라요』는 걱정, 근심으로 움츠러든 나를 꼭 안아 주었다. 엄마 품에 폭 안길 만큼 작았던 아이가 한 뼘 자라나 엄마를 꼭 안아 준 것처럼.

한결 마음 가볍고 밝아진 순간, 반갑게 만난 『나뭇잎 마술』은 사진 그림책이다. 책장을 넘기자마자 그림책 속 글이 절로 말이 되어 입 밖으로 터져 나온다. "우와, 신기하다!" 햇빛에 비춰 본 나뭇잎 모양이 이렇게 다양하고 멋질 줄이야…. 봄마다 봄눈 같은 꽃잎 흩날리는 벚나무 잎사귀는 '반짝반짝 빛나는 레이스 모양'이고, 감나무 잎사귀 속에선 '복잡한 미로가 반짝반짝' 빛난다. '하트 모양을 잔뜩' 가진 나뭇잎이 있는가 하면, '죽죽 곧게 뻗은 기다란 선'을 지닌 나뭇잎, '구부정구부정 휘어진 선'을 가진 나뭇잎도 있다. 어떤 잎은 '나뭇잎 주변에 햇빛이 몽실몽실' 보이기도 한다. 어떤 건 '뾰족뾰족'해서 손에 닿으면 "아야, 따가워!" 소리칠 것 같은 모양. 하트 무늬를 뒤집어 놓은 듯 '비슷해 보이는 잎사귀 두 개도 햇빛에 비추어 보니까' 신기하게도 무늬가 전혀 다르다! 벚나무 잎사귀도, 감나무 잎사귀도, 늘 보던 것들인데 햇빛에 비추어 보니까 새롭다. 놀랍다. 당장 밖으로 나가 나뭇잎을 햇빛에 비추어 보고 싶다.

나뭇잎 마술은 햇빛이 있어야 가능하다. 작은 것에 관심 갖고 자세히 들여다보아야 마주할 수 있는 마술이다. 작은 나뭇잎을 손에 들고, 고개 들어 햇빛을 바라봐야 보이는 마술. 그것도 나뭇잎의 앞면이 아닌 뒷면을 비추어야 시작되는 마술이다. 문득, 마음에 햇빛을 들여야 보이는 것들은 무엇일지 가만가만 생각해 본다. 밝고 환한 바탕에 대보아야만 잘 보이는 무엇, 익숙한 앞면이 아닌 뒷면의 무엇….

아, 3월이면 어김없이 터지는 울음소리, 엄마 보고 싶다고 발버둥 치며 내는 울음소리! 삐죽삐죽 날카롭고 뾰족한 울음소리 뒤집어 햇빛 들인 마음에 비추어 보면 『나뭇잎 마술』에서 만난 잎사귀의 다양한 무늬처럼 울음소리마다 자세한 마음결이 보일 것 같다. 낯설어요, 두려워요, 이상해요, 어색해요, 어쩔 줄 모르겠어요, 나 좀 도와주세요, 사랑해 주세요…. 『나뭇잎 마술』 마지막에 나타난 토끼풀의 고리 하나가 햇빛에 비추었을 때 어디론가 사라진 것처럼 햇빛 닮은 사랑 비추면 하나둘씩 사라질 울음소리. 그러다 어느 순간, 웃음소리로 바뀔 울음소리. 찾아보면 더 있을 것 같다. 나뭇잎 마술이 통하는 것들….

『나뭇잎 마술』 가운데 잠시 숨을 멎게 했던 장면이 하나 있다. 바로, 여기, 두 쪽에 걸쳐 귤나무 잎사귀를 보여 준 장면. 초록빛 바탕에 무수히 빛나는 '반짝반짝 별님들'이 마음에 닿는 순간, 416이라는 숫자를, 세월호를, 미처 피어나지 못하고 하늘의 별이 되어버린 아이들을 떠올리고 있었다.

'햇빛에 짠' 비춰 보면서 마술이 시작되는 날들을 바라고 바라본다. 어둠에 가려있던 진실을 햇빛에 짠, 비추어 세세하게 밝혀낼 그 날. 그리하여 우리가 자라고 자라날 아름다운 그 날을….

이제 머지않아 모험 놀이터도 자신의 모험을 마치고 아이들과 더불어 신나고 즐거운, 새로운 모험을 시작하겠지. 그래, 아마도 그럴 거다. 모험 놀이터 곳곳, 여기저기서 신통방통 나뭇잎 마술을 시작하는 아이들의 모습을 두근거리는 마음으로 그려 본다. 아이의 자람이 멈추지 않고 계속 이어지듯, 자라고 자라나야 할 앞으로의 새로운 시간들도 거침없이 이어지고 이어지길!

생각을 켜고, 오 예, 평화!

> 66 모험 놀이터에서 펼쳐질
> 아이들의 신나는 움직임을 상상하니,
> 마음이 또 간질간질하다.
> 아이들도 여러 '나'를 만나 즐겁게
> 어우러지고 새로워지는 시간 누리면 좋겠다. 99

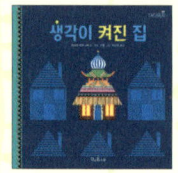  

『**생각이 켜진 집**』 리샤르 마르니에 글, 오드 모렐 그림, 박선주 옮김 | 책과콩나무 | 2017년
『**간질간질**』 서현 지음 | 사계절 | 2017년
『**평화 책**』 토드 파 글·그림, 엄혜숙 옮김 | 평화를품은책 | 2016년

…

 드디어, 유치원 모험 놀이터가 열렸다. 멀리 가지 않아도 요리조리 왔다갔다 마음껏 뛰어다닐 수 있는 너른 곳, 비가 오면 빗물 고인 자리 생겨나 발 담그며 참방참방 놀 수 있는 곳. 갖가지 방법으로 오르고 내릴 수 있는 언덕이며 파고 파고 또 파도 끝이 보이지 않는 구덩이 품은 놀이터. 나무와 꽃, 곤충처럼 생명을 만나는 놀이터. 무엇보다 구석구석 비어 있어 내 힘으로 바꿀 수 있고, 곳곳에서 아슬아슬 모험 놀이를 누릴 수 있는 시공간이 열렸다. 거의 넉 달 만이다. 시작할 때만 해도 한 달이면 너끈할 줄 알았다. 일정이 틀어지고 늘어지면서 맞닥뜨린 뜻밖의 시간들…. 이제는 말할 수 있다. 두 계절을 무사히 지나 반갑게 맞이한 여름이니까. 신나고 즐겁게 놀면서 맞이할 뜨거운 여름이 코앞에 있으니까.

 사실, 일이 뜻대로 안 되는 동안 말도 많이 들었다. 동네 어르신의 궁금한 마음이 담긴 "아니, 왜 이런대?"부터, 집배원 아저씨의 호기심 어린 "여기, 뭐, 만드시나 봐요?", 유치원 앞 도로, 주차 단골인 이웃 아주머니의 불만 가득한 "뭐 한다고 이렇게 오래…?"까지, 말들은 저마다 물음표를 달고 있었다. 돌아보면, 참 중요한 질문들이었다. 왜? 무엇을? 언제까지…?

『생각이 켜진 집』 그림책 펴고 생각을 켠다. 제목을 가만히 소리 내 보니, 깜깜한 머릿속에 불이 켜진다. 생각이 켜진 집이라니! 번 갯불이 반짝 켜진다, 마음속에 반갑게.

여기, 어떤 동네가 있다. 이 동네의 집은 모두 똑같이 생겼다. 그러니까 처음부터 '생각이 켜진 집'이 있었던 건 아니었다. 첫 장면엔 '세모난 빨간 지붕에 창문이 두 개, 대문이 하나씩' 있는 집, '대문에는 손잡이와 자물쇠가 하나씩 있고, 창에는 회색의 두꺼운 덧창이 달려 있'는 집들이 나란히 줄지어 있다. 집 모양만 똑같은 게 아니라 '밤이 되면 덧창을 꼭 닫고, 아침이 되면 덧창을 활짝 열'어젖히는 모습까지 모두들 '꼭 그래야 하는 것처럼' 똑같았단다. '그러던 어느 날 밤… 한 집이 덧창을 닫지 않'는 일이 벌어진다! '창 밖으로 노란 불빛이 새어 나'온다. 어둔 밤 무거운 공기를 가르고 틈새마다 스며들었을 노란 불빛… 얼마나 밝고 환했을까.

몇 해 전, 순천 기적의 놀이터 1호 '엉뚱발뚱'에 들어섰을 때였다. 입에서 '세상에나!'하고 감탄사가 터져 나왔다. 놀이터라면 꼭 있어야 할 것으로 여겨 온 놀이 기구가 없었다. 대신 다른 게 있었다. 돌, 흙, 터널, 펌프, 물길, 통나무, 출렁 다리, 잔디 언덕… 좋은 모래가 한가득! 곧바로 '엉뚱발뚱'에 뛰어든 두 아이의 뺨은 이내 발갛게 달아올랐다. 순간, 여기저기 뛰어다니는 아이들의 땀범벅 시뻘건 얼굴이, 놀이터를 둘러싼 초록빛 물결과 어우러져 가슴 뛰게 했다. 그렇게 모험 놀이터가 마음에 훅, 들어와 버렸다. 우리 곁에 가까이 있는, '기적의 놀이터'를 바라고 꿈꾸게 되었다.

『생각이 켜진 집』 그림책 속 똑같은 모양으로 늘어선 집들을 마주하니 놀이터가 생각난다. 동네마다, 아파트 단지마다 들어서 있을 비슷한 모양의 놀이터. 유치원이나 어린이집에서 만나는 놀이터도 크게 다르지 않을 터. 이용하는 방법, 규칙도 거의 똑같을 놀이터.

그런데 책장을 넘기니, 꼭 그렇지 않은 놀이터가, 아니 집이 나타난다. 못마땅해 수군거리던 동네 사람들은, 집주인이 자리를 비운 사이, 망가진 모습이 보기 창피하다며, 그 집을 헐어 버린다. 그리고 그 뒤에 돌아온 집주인. 덩그러니 집터만 남은 그곳에, 여행에서 가져온 것들로 새 집을 짓는다. 다양한 무늬와 색깔을 지닌 새 집은 문 모양도 창문 모양도 다르다. 심지어, 독특한 지붕 아래 바람개비가 돌아가고, 꼭대기에는 노란 구슬 같은 장식이 빛난다. '괴상망측'하다며 쑥덕거리는 동네 사람들.

그러나 다음 날부터 동네 집들은 달라지기 시작한다. "수많은 생각들이 꽃을 피우고, 수많은 이야기들이 쌓여 가며" 날마다 새로운 집들이 둥지를 튼다. 좌우 펼침 화면으로 구성된, 수많은 집들의 새로운 풍경은 그야말로 장관이다. 단 한 채도 똑같은 모양의 집이 없다. 저마다의 모습으로, 자기만의 개성을 뽐내며, 모두 제각각 멋지고 근사하다! 이 장면에서, 집들을 놀이터로 상상하며, 나도 모르게, 입 밖으로 튀어나온 말.

"아, 동네방네 제각각 '엉뚱발뚱'한 놀이터가 생겨나면 얼마나 좋을까."

잠시, 모험 놀이터를 둘러본다. 고래 수돗가와 공작새 수돗가, 그리고 커다란 물웅덩이면서 달팽이 길인 '달팽이 텀벙'이 보인다. '달팽이 텀벙'을 둘러싼 잔디 오솔길에는 꽃과 나비, 새, 말, 잠자리, 공룡 발바닥이 숨어 있고, 오솔길 벗어나면 '호랑이 혓바닥', 짝짝이 '콧구멍' 터널도 있다. 아이들과 자주 가던 숲 터에서, 여럿이 함께 끙끙, 낑낑, 데려온 긴긴 나무의 변신, '초록뱀'은 놀이터의 자랑이다. 마지막으로, '코끼리 언덕'이 생겨나면서 그럴 듯한 모습을 갖추게 된 우리들의 모험 놀이터. 새삼, 지나온 시간들이 기적 같다.

서툰 손으로 삽질, 호미질, 망치질, 곡괭이질 하고, 처음 만져 보는 돌 들고 넣었다 뺐다 하며, 이렇게도 박고 저렇게도 박아보면서, 간질간질했던 마음,『간질간질』그림책 열자마자 되살아난다.

그림책 속에서 '간질간질'한 건 머리다. 간지러워 '머리를 긁었더니 머리카락이 떨어져 내가 되었'단다! 여섯 명의 '나'가 단박에 생겨나고, '나는 나들과 춤을' 춘다. '밥', '간식', '용돈'을 달라며 엄마를 깜짝 놀라게 하고, 놀자고 달려들어 막 퇴근한 아빠를 벌러덩, 자빠뜨린다. 나보다 더 큰 누나를 만나서는, 놀라운 작전을 펼치는데, 그건 바로… 특별한 합체! '나'들이 '나'를 타고 올라서고, '나'의 손을 붙잡고 뛰어올라, 잠깐이지만, 누나보다 더 큰 '나'로 변신한다.

문득, 오솔길 낸다고 아침부터 쭈그려 앉아 일하던 그날이 떠오른다. 볕이 참 좋은 날이었다. 챙 넓은 모자를 빌려 쓰고 나갔는데 자꾸만 땀이 났다. 나도 머리가 가려워 몇 번이나 머리를 긁었다. 물론,『간질간질』주인공처럼 내 앞에 나와 똑 닮은 '나'들이 나타나진 않았다. 그러나 그날, 잔디 심는다고 호미질하던 '나'는 다른 날의 나와는 달랐다. 자신 없어 주저하던 나와 달리 그날의 '나'는 망설임이 없었다. 어딘가 들떠 있고 신나 있었다. 자꾸만 웃음이 났고, 마냥 기분이 좋았다. 정말 마음이 간질간질했다.

책장을 다시 넘겨본다. 이제 '나'들은 '밖으로 밖으로' 나가 세상과 만난다. 일상의 규범을 벗어나 경계를 뛰어넘고 '멀리멀리', '위로 위로', 올라가 새와 함께 '야호' 날아오른다. 문어 다리에 내려선 '나'들은 다시 '휙휙휙 휘리릭' 던져져, '착착착착착착착' 한자리에 인간 탑처럼 멋지게 착지한다. 한껏 물오른, 어떤 흥겨운 리듬이 '나'들에 가득, 마음이 들썩인다. 아니나 다를까, '나'들에게 춤을 추자는 주인공. 그런데, 머리가 또, 간질간질 간질간질… '나'들이 태어나고, 수많은 '나'들이 한목소리로 외친다. "오 예!" 생기발랄한 함성으로 읽는 이의 마음을 흔들어 놓는, 형광 분홍의 커다란 글자, 오 예! 마치, '나'들의 함성이 '나'들을 불러 모으기라도 한 듯 '벅벅벅벅벅벅…' 떨어지는 머리카락에 이어 나타나는 엄청나게 많은 '나'들. 춤은 점점 빨라지고, "오 예!!" 신나는 마음 기운은 멈출 수가 없다. 이제 '나'들은 중심부터 바깥까지, 동그랗게, 동그랗게, 원마다 같고, 원끼리 다른, 춤을 추며 우리를 『간질간질』의 세계로 빨아들인다.

오 예! 알겠다, 마음 간질간질했던 까닭! 그날의 '나'는 넌 못 해, 못 할 걸… 하며 주저하는 나를 뛰어넘어, 마음 가는 대로, 하고픈

대로 했다. 그렇게 오솔길 사이사이, 숨은 그림 같은 돌바닥을 만들었다. 모험 놀이터 오가려면 반드시 거쳐야 하는 오솔길. 거기, 내가 놓은 돌 위에 아이들의 눈빛이 머무르고, 신나는 발바닥이 닿을 거라 생각하니… "오 예!!" 기쁘고 가슴 벅찼던 거였다. 전혀 생각지도 못한 일을 해낸 또 다른 '나'에게 내가 놀라며, 알 수 없는 감정이 출렁였던 거였다.

하지만 어떤 순간이든 영원할 수는 없는 법. 이상할 만큼 남달랐던 그날의 '나'는 이튿날 곧바로, 일상의 나로 돌아갔다. 앉았다 일어설 때 '아- 아-' 신음 소리를 내고, 손가락 마디마디가 아파 손을 주무르며, 선생님 방 내 자리를 지키고 앉아 있었다. 다시 마당에 나갈 엄두가 나지 않았다. 그럼에도 나는 새롭게 만난, 또 다른 '나'가 반갑고 좋았다. 언제 또 다시 만나고 싶을 만큼.

『간질간질』에서는 '위이이 이이잉' 진공청소기가 나타나 주인공을 현실로 돌려놓는다. 또 다른 '나'들은 청소기 속으로 모두 빨려 들어가고, 다시 홀로 남은 '나'. 그러나 우리는 안다. 머리카락은 또 빠질 테고, '나'들의 춤은 계속될 거라는 걸… 이제 '나'는 이전의 '나'가 아니라는 걸. 그렇기에 '나'는 웃는 얼굴로 독자를 마주 보며 왼손 치켜들고 오른쪽 귀퉁이, 형광 분홍 글자, '오 예!'를 가리

킨다. 따라하지 않을 수 없는, 오 예! 이야기가 끝나도 신나는 움직임은 끝날 줄 모른 채 뒤면지, 뒤표지까지 이어진다.

모험 놀이터에서 펼쳐질 아이들의 신나는 움직임을 상상하니, 마음이 또 간질간질하다. 아이들도 여러 '나'를 만나 즐겁게 어우러지고 새로워지는 시간 누리면 좋겠다. 이전의 '나'를 뛰어넘는, 또 다른 '나'를 만나 기쁘고 가슴 벅차게 놀면 좋겠다. 여기저기서 '오 예!' 소리 터져 나오면 좋겠다.

들뜬 마음 살며시 가라앉히고, 『생각이 켜진 집』 그림책, 다시 펼쳐 본다. 마음에 들인 문장들을 소리 내어 읽어 본다. "늘 새로운 집이 생기는 우리 동네는 이제 더는 완벽하지 않아요. 사람들은 날마다 새로운 것을 꿈꾸며, 맨 처음 밤에 불을 켜 놓았던 집주인에게 고마워하며 밤새 불을 밝힌답니다." 모험 놀이터는 완벽하지 않다. 우리 역시 '기적의 놀이터'에게 고마워하며 아이들과 더불어 만들어 가고 새롭게 채워 나갈 궁리를 멈추지 않을 참이다. 아이들과 머리를 맞대고 모험 놀이터 이름도 새로 짓고, 놀이터 구석구석 재미난 이름표 붙여 가며, 또 다른 시간 꿈꾸게 될 것 같다.

마침, 꼭 필요한 때에 맞춤하여 만난 『평화 책』. 깜짝 놀랐다. 제목 화면 바로 뒷면에 나오는 작가의 편지가, 모험 놀이터에 바라는 마음을 고스란히 담고 있었기 때문이다. 우리 역시 '더 좋은 곳이 되기를', '우리 모두가 안전하고 행복한', 아이들이 '친절하고 서로 돕는', '자신의 모습 그대로' 놀이할 수 있는, '더 좋은' 공간으로 모험 놀이터를 꿈꾸며 열었다. 작가는 이 마음이 다름 아닌 '평화'라고 일러 준다. 마치 아이에게 친근하게 말을 거는 듯한 그림으로 알려 주는 '평화'의 마음.

평화란 '친구를 새로 사귀는' 것이고, '누군가를 아프게 했을 때 미안하다고 말하는' 것이고, '거리를 깨끗하게 하는' 것이고, '친구를 안아 주는' 것이란다. 무엇보다 평화는 '자신의 모습 그대로인' 거란다. 맨 마지막, 작가의 사랑이 담긴 글, "평화는 서로 다름을 아는 거고, 스스로를 기분 좋게 느끼는 거고, 다른 사람들을 돕는 거야. 네 덕분에 세계는 더 좋은 곳이 되는 거란다." 두루두루 나누고 싶다.

부디, 마음 모아 활짝 연 모험 놀이터가 '생각을 켜는' 놀이터로, 기운 찬 '오 예!' 소리 불러오고, '평화'의 마음 자라나게 하길!

대단한 아이들에게, 모두 박수!

> 자기가 잘하는 것에 대해 이야기할 때
> 아이들의 얼굴은 밝게 빛난다.
> 빛나는 얼굴에는 대단한 '무엇'이 자리하고 있다.

『대단해 대단해!』 마스다 유우코 글, 다케우치 츠우가 그림, 정유나 옮김 | 뜨인돌어린이 | 2010년
『난난난』 영민 글·그림 | 국민서관 | 2014년
『위대한 건축가 무무』 김리라 글·그림 | 토토북 | 2015년

⋯

바람이 분다. 동네 둘레길 물들인 짙푸른 초록이 살랑인다. 신기하다. 길모퉁이, 나뭇가지만 앙상하던 생강나무가 손바닥만 한 나뭇잎을 흔들며 인사한다. 연둣빛 머금은 아기 나뭇잎과 눈을 맞춘 게 얼마 전 같은데 언제 저렇게 자란 걸까. 여리고 여린 아기 모습 지나 부쩍 자란 푸르른 초록 잎이 대견하다. 어디 생강나무뿐일까. 겨울 지나 봄, 여름 맞은 생명들 모두 자라 있다. 우리 아이들도 자라고 있다.

봄 소풍날, 숲에서 신나게 놀고 나오는 길이었다. 나무 계단을 내려가야 했다. 길고 긴 계단 길은 고불고불, 심지어 가파른 곳도 있었다. 일곱 살 아이들은 성큼성큼 저만치 가는데 맨 꼴찌로 계단을 밟은 다섯 살 아이들은 한 발 한 발 거북이걸음으로 내려갔다. 그러다 몇 명이 걸음을 딱 멈췄다. "선생님, 무서워요." 쭉 이어진 난간 손잡이가 갑자기 뚝 끊겨 있다. 제법 가파른 구간인데 거기만 양쪽 난간 없는 나무 계단이다. 엉덩이 뒤로 내빼며 울먹이는 아이들. 나는 덥석, 손을 잡았다. "괜찮아, 괜찮아." 두 명 손을 잡고 천천히, 무사히 내려왔다.

다시 올라갈 생각으로 뒤돌아보니, 몇 명이 혼자서 내려오고 있다. 계단을 더듬는 것처럼 조심스러운 걸음발이지만 씩씩하게 내려오고 있다. "와, 대단하다!" 나는 손뼉을 짝짝 쳤다. 저 뒤에 주저하며 바라보고 있던 몇 명도 걸음을 뗀다. 조심조심 내려온다. 제일 먼저 승민이가 내 곁에 도착했다. "선생님, 나 대단하지요?" 승민이가 나를 툭툭 건드리더니 말했다. 콧등에 땀방울이 송골송골 맺힌 승민이 눈동자가 반짝였다. "대단해, 대단해! 정말로 대단해!" 승민이 어깨를 가만히 끌어당겨 토닥였다. 승민이 덕분일까. 다른 아이들도 용기를 냈다. 차례차례 혼자 힘으로 내려왔다. '나도 대단하지요?' 하는 눈빛으로 날 쳐다보는 아이들. 나는 손바닥이 뜨거워지도록 박수를 치며 소리쳤다. "이야, 대단하다, 대단해!"

『대단해 대단해!』 그림책에는 누구를 만나든 무엇을 만나든 '정말로 대단'하다고 치켜세워 주고 따뜻한 박수를 보내 줄 것 같은 앵무새가 등장한다. 책 속에서 앵무새를 통해 만나는 '대단한' 존재들은 다양하다. 신발, 하마, 우산, 캥거루, 땅, 친구…. 앵무새 작가는 노래하듯 이야기한다.

신발은 대단해. 정말로 대단해. 무엇이 대단해?
매일매일 쿵쿵 걸어 다니니까.

정말로 대단해! 신발에게 박수!

우산은 대단해. 정말로 대단해. 무엇이 대단해?
비를 많이 맞아도 젖지 않으니까.
정말로 대단해! 우산에게 박수!

그림을 보면, 신발과 우산이 활짝 웃고 있다. 하마도, 캥거루도, 땅도, 친구도, 자신들이 대단한 이유를 들으며 모두모두 웃고 있다. 웃는 얼굴 마주하는, 읽는 이의 마음에도 웃음꽃이 핀다. 웃으면서 실감하는 '대단해'라는 말이 지닌 힘. 따듯하고 부드럽다. 크레파스와 색연필을 섞어 그렸다는 그림은 아이들이 신나게 그린 그림처럼 유쾌하고 생동감이 가득하다. 저마다 자신의 색깔을 드러내는 색감 또한 서로 어우러지면서 즐거운 기운으로 마음을 돋운다. 모두 모여 '나도 대단해' '너도 대단해' '우리 모두 대단해' 노래하듯 말하는 장면에는 분화구에서 터져 나오는 불길처럼 뜨겁고 힘찬 응원이 담겨 있다.

스스로 자기 자신을 대단하다고 믿는 아이들은 그림책 『난난난』 앞표지 그림 속 남자아이처럼 반짝반짝 빛이 난다. 몸짓이 기운차고 잘 웃는다. 제목처럼 '나'를 내세워 힘주어 말하기 좋아한다. 이

책은 앞뒤의 면지에 그림이 있고, 서로 다르다. 앞면지에는 말풍선 속에 엄마의 말 정리해!이 있는 반면, 뒤면지에는 아이의 말 잘했죠?이 있다. 뒤면지에는 엄마가 정리하라고 했던 블록으로 멋지게 집을 완성한 주인공이 엄지를 척 들어 보이며 미소 짓고 있는 것도 달라진 점이다. 앞면지에서는 시무룩한 얼굴이었는데…. 아, 왜 그런지 알겠다. 만들고 싶은 게 있어서 그런 건데 엄마는 마음도 몰라주고 다짜고짜 블록을 정리하란다. 그뿐만이 아니다.

　엄마는 오늘도 "왜 이것도 못해!"라고 말했어요.

　첫 장면을 보고 깜짝 놀랐다. 아이를 가리키는 손가락, 그리고 고개를 숙인 채 주눅 든 아이 얼굴…『너 왜 울어?』그림책 주인공과 닮았다. 괜히 심장이 벌렁벌렁…. 그런데 한 장 넘기니 풉, 웃음이 난다. 아이가 신나게 외치기 때문이다.

　하지만 난난난!
　잘하는 것도 많아요.

　크고 굵은 '난난난' 글자에 붙은 커다란 느낌표! 앞표지의 제목 글자처럼 점점 크고 또렷하게 읽게 된다. 소리 내어 말하면 마음에

당찬 기운이 스며든다. 정말이지 주인공은 잘하는 것도 무지 많다. 점프도 잘 하고, 힘도 세고, 무지무지 빨리 달릴 수도 있고, 넘어져도 울지 않는다. 무지무지 씩씩하니까. 친구도 많고, 아주 아주 신나게 놀 줄 안다. 무엇보다 잘 웃고 친구들도 따라 웃게 만든다.

　이것만도 대단한데, 이게 끝이 아니다. 주인공은 잘하는 게 많다. 이야기는 계속 이어진다. '변신도 감쪽같이 잘'하고, 채소로 '멋진 용'도 만들고, '매운 김치도 지… 진짜… 진짜 잘 먹는'단다. 그런데 김치 먹는 주인공, 그림으로 표현된 모습이 글과 다르다. 입 안에서 불이 뿜어져 나온다. 커다래진 눈동자에서는 눈물이 찔끔 나올 것 같다. 글과 그림의 불일치. 그 사이의 '틈'이 독자에게 특별한 즐거움을 안겨 준다. 아직은 아니지만 곧 그렇게 될 거라고 자신을 믿는 아이의 마음이 느껴지기 때문이다. 싫은 소리보다 좋은 소리 듣고 싶은 마음, 언제나 멋진 '나'이고 싶은 솔직한 아이의 마음이 느껴지기 때문이다. '혼자서도 정말 정말 잘 잘 수 있지만…' 책을 너무나 잘 읽기 때문에 엄마한테 읽어 줘야 한다는 주인공. 이렇게 말하며 두 팔 벌려 양손 높이 든 채 엄지 척, 올리고 눈 찡긋 한다.

　그러니까, "왜 이것도 못해!"라고 말하지 마세요.
　난난난! 잘할 수 있는 것도 많아요.

엄마 아빠 사이에 끼어들어 주인공이 펼친 책 제목이 아주 상징적이다. 그건 바로, '내가 잘한 것도 봐 주세요.' 뒤표지에는 엄지를 치켜세운 손 그림이 커다랗게 박혀 있다.

"선생님, 나 오늘, 김치랑 반찬 다 먹었다요!"
"이제 혼자 신을 수 있어요."
"나, 진짜 빨리 달릴 수 있어요."

문득, 어쩌다 마주치면 자기 이야기 들려주기 바쁜 우리 아이들이 생각난다. 하루하루 자라나는 아이들은 어제와 다른 오늘의 이야기, 어제는 못했지만 오늘은 해낸 자기만의 이야기를 펼쳐 놓으며 얼마나 뿌듯해 하는지 모른다. 자기가 잘하는 것에 대해 이야기할 때 아이들의 얼굴은 밝게 빛난다. 빛나는 얼굴에는 대단한 '무엇'이 자리하고 있다. 씨앗처럼 움터 열매 맺을 '무엇'이 숨어 있다. 시간이 흘러 그 '무엇'은 무엇이 될까? 궁금해진다.

아이들이 빛나는 얼굴을 보여 줄 때가 또 있다. 무언가를 뚝딱뚝딱 만들어 내놓을 때! 안에서든 밖에서든 아이들은 언제나 무언가를 즐겨 만든다. 때로 뜻밖의 작품을 만들어 깜짝 놀라게 하기도 한다. '어떻게 이런 생각을 했을까!' 하고 말이다. 그래서 『위대한 건축가 무무』 그림책을 만났을 때 무척 반갑고 기뻤다. '아이들은 이 세상에서 가장 위대한 예술가'라는 사실을 알고 있는 어른작가 한 명을 알게 되어 반갑고, 무엇보다 아이들의 이야기, 아이들의 모습이 고스란히 담겨 있어 기뻤다.

이야기는 앞면지부터 시작한다. 자기가 직접 만든 '빨간 집'에 살고 있는 무무는 '오늘도 새로운 작품을 만들기 위해 집을 나'선다. '먼저 무엇을 만들지 계획을 세'우고, '터를 고'른다. 그리고 이어지는 일련의 과정들. 건축가의 고민과 나란한 소중한 시간들. 계획했던 대로 되지 않을 때는 다시 생각하고 수정하면서, 도전하기를 멈추지 않는 무무. 자기만의 공간을 완성하기 위해 진지하게 몰입하는 무무의 모습이 멋지다.

> 바닥에 장판도 깔고, 쓰임새에 맞게 안을 꾸며요.
> 문까지 달면 드디어 공사가 끝났습니다.
> 소문을 듣고 사람들이 몰려들었어요.

그 무렵, 한 지붕 아래 같이 살고 있는 큰아이도 숲속 집짓기가 한창이었다. 학교 끝난 오후, 숲에 갈 때마다 굵은 나뭇가지를 여러 차례 실어 날라 기둥을 세우고 지붕을 얹어 집을 만들고 있다고 했다. 열 살 생일잔치 날, 큰아이는 아이들을 숲속 작은 집으로 이끌었다. 솔가지로 만든 빗자루로 급히 바닥을 쓸고, 금세 주워온 상자 종이로 뚝딱 신발장을 만들며 친구들을 집 안으로 들어오라고 했다. 그날 오후, 숲속 작은 집은 집, 식당, 택배 대리점 등으로 변신하며 즐거운 이야기꽃을 피웠다. 초인종도 있고, 작은 창문도 있는, 무엇보다 다양한 재료를 얹은 지붕이 돋보이는 집이었다. 나는 감탄했고, 아이는 행복해 보였다. 순간, 나는 온 가족이 모여 무무의 새 작품을 보고 감탄하는 장면을 떠올렸다. 그 속에서 아빠는 엄지를 치켜세우고 무무는 뿌듯한 얼굴로 웃고 있었는데 우리가 꼭 그랬다.

정말이지 아이들은 '대단한' 씨앗을 품고 있다. 저마다 '잘하는 것'을 갖고 있다. 타고난 예술가다. 거침없는 상상으로 새로운 세상을 열어 나갈 위대한 예술가! 그러니 어른들은 날마다 아이들에게 따뜻한 격려와 응원의 박수를 보낼 일이다.

자, 지금 이 순간도 자라나고 있을, 대단한 우리 아이들에게, 모두 박수!

상상씨를 삼킨 날

> 언제 무슨 일이 벌어질지 몰라
> 조마조마할 때도 있지만
> 상상씨 삼키고 신나는 모험 즐기는 날,
> 아이들이 많이 누리면 좋겠다.

『수박씨를 삼켰어!』 그렉 피졸리 글·그림, 김경연 옮김 | 토토북 | 2014년
『깜빡하고 수도꼭지 안 잠근 날』 루시아 세라노 지음, 김지애 옮김 | 씨드북 | 2016년
『헤엄치는 집』 최덕규 지음 | 국민서관 | 2014년
『수박 수영장』 안녕달 글·그림 | 창비 | 2015년

...

덥다. 여름이다. 차갑고 시원한 것을 찾게 되는 여름날. 창문을 연다. 미적지근한 바람이 집 안으로 들어선다. 밖으로 보이는 아파트 건물들. 꼼짝없이 줄지어 선 채 달구어지는 시멘트 건물들이 보인다. 잠깐 눈을 감는다. 마음속으로 주문을 왼다. '창밖은 바다다, 파도가 넘실거리는 바다다….' 어떤 날은 정말 눈앞에 푸른 바다가 펼쳐진다. 짠 내 나는 바닷바람이 콧구멍으로 스며들고, 파도 소리가 들린다. 믿거나 말거나, 상상하는 동안 내게는 진짜다. 그런 날이 있다.

『수박씨를 삼켰어!』 그림책 속 주인공 악어도 그런 날을 겪는다. '아주 아주 쪼그만 아기였을 때부터' 수박을 '정말 정말' '진짜 진짜' 좋아한 악어는 어느 날 꿀꺽, 수박씨를 삼키고 만다. 수박씨가 몸에 좋다고 우적우적 씹어 먹는 어른들은 이해 못하겠지만 연둣빛 귀여운 악어는 눈동자가 빙글빙글 돌아갈 만큼 심각하다. 왜? 꼬리에 꼬리를 물고, 상상이 이어지니까. "이제 수박이 자랄 거야! 곧 귀에서 스르륵스르륵 수박 넝쿨이 나오겠지? 배도 뚱뚱해질 거야. 몸도 분홍색이 될 거야. 과일 샐러드가 될지도 몰라!"

수박색인 연두와 분홍, 그리고 검정색으로 악어의 걱정과 상상을 유쾌하게 나타낸 간결한 그림은 보는 이의 마음을 간질인다. 덕분에 "제발 누구 날 좀 도와주세요!" 소리치며 악어가 눈물을 터뜨릴 때 아이들에게선 재채기 같은 웃음이 터진다. 다행히 악어는 아주 긴 소리로 트림을 하고 삼켰던 씨를 뱉어 낸다. 그리고 '다시는 안 먹'겠다고 다짐한다. 그러나 책장을 넘기면 벌써 한 입 수박을 베어 문 악어가 '아삭아삭' 소리를 내고 있다. 마지막 장면은 양껏 먹고 걱정스런 얼굴로 볼록한 배 위에 손을 갖다 댄 악어의 모습. 아무래도 수박씨를, 상상씨를 또 삼킨 것 같다. 이번엔 무슨 상상을 할까?

가만 보면, 아이들은 상상씨를 삼킬 때가 많다. 논두렁에서 상어가 나타났다며 우르르 도망가고, 물 고인 웅덩이를 가리키며 오징어랑 고래가 싸우고 있으니 말려야 한다고 다급하게 내 손을 잡아끄는 아이들. '생태숲'으로 봄소풍 갔던 날엔 다섯 살 남자아이 네 명이 장승 솟대를 거꾸러뜨린 일도 있었다. 발개진 얼굴들에 다가가 어찌된 일이냐고 물었더니… 세상에! 자신들이 무시무시한 괴물을 물리쳤단다. 얼마나 있는 힘껏 물리쳤는지, 솟대 밑동이 흙 위로 올라와 있고, 장승 얼굴은 흙바닥에 처박혀 있었다. 아무도 다치지 않았으니 천만다행이라고, 깜짝 놀란 가슴 다독이며, 아이마다 등 두드려 상상씨 뱉어 내게 하고 다시는 이러지 않기로 새끼 손가락 고리 걸어 약속, 손도장까지 찍었다. 고개 끄덕이며, 절대 그러지 않겠다고 다짐하는 아이들. 하지만 나도 안다. 돌아서면 악어처럼 언제 어디서 상상씨 꿀꺽, 삼킬지 모른다는 걸. 차라리 상상씨 마음껏 삼키고 신나게 어우러져 놀 수 있는 '수박 수영장'에 데려가 볼까.

마음이 벌써 수박 수영장으로 달려간다. 처음 보자마자 반해 버린 『수박 수영장』!

'쩍!' 갈라진 수박 반 통에 사다리를 걸치고 올라간 할아버지가 '석 석 석' 수박 살을 밟고 붉은 수박 속으로 걸어 들어갈 때부터 마음이 방방 뛴다. 엄청나게 재미있을 것 같아서! 아니나 다를까. 아무렇지 않게 수박씨를 '쏙' 빼내고 '휙' 던진 다음, 그 자리에 몸을 밀어 넣고 수영을 즐기는 할아버지의 모습이라니, 너무나도 생생하여 진짜 같다. 보기만 해도 수박 수영장에 몸을 담그고 있는 것처럼 짜릿하게 시원하다.

그뿐인가. 수박 잎사귀에서 '아아아아' 뛰어내려 수박 살에 '썩!' 박히는 다이빙이며, 뜨거운 햇볕 가려 주는 '구름 장수의 구름 양

산'과 언제 어디서든 즉석 샤워가 가능한 '먹구름 샤워', 그리고 수박 살을 깨끗하게 발라 말끔한 흰색으로 매끄럽게 만들어 놓은 수박 껍질 미끄럼틀까지 수박 수영장에는 놀 거리가 가득하다. 결이 살아 있는 촘촘한 색연필 그림은 수박 수영장을 또렷하고도 실감 나게 보여 준다. 덕분에 『수박 수영장』에 폭 빠진 아이들은 여럿이 덩달아 수박 속으로 걸어 들어가 '수박 폭탄' 던지며 놀고 '모두 함께 철퍽철퍽 밟'아 고인 '붉고 투명한 수박 물' 속에서 신나게 수영을 한다. 수박 미끄럼틀에 엉덩이 대고 '싹' 미끄러져 내려온다. 그 사이, 입 안에는 침이 고이고, 코끝에는 단내가 스친다. 몸이 시원하면서도 끈적끈적, 마음은 기분 좋게 달짝지근하다.

이 특별한 경험을 두고, 어떤 아이는 그림책으로 수박 한 통을 다 먹은 것 같다고 했단다. 이야기의 끝에 다다라 수박 수영장 문을 닫는다는 부분을 읽으면, 아이들은 몸을 비틀며 아쉬워한다. "애들아, 수박 수영장은 내년에도 열리니 괜찮아."라고 타일러도 수영장을 떠날 줄 모르는 아이들. 여기저기서 『수박 수영장』이 안겨 준 상상씨의 열매 같은, 새로운 이야기를 꺼내 놓는다. "참외 수영장 책은 없어요?", "난 복숭아 수영장 가고 싶다!", "나는 딸기 수영장!" 떠들썩한 가운데 문득 궁금해진다. 아이들 머릿속에 어떤 수영장이 그려지고 있을지.

헤아려보는 동안 보글보글 물거품처럼 떠오르는 그림책이 있다. 『깜빡하고 수도꼭지 안 잠근 날』과 『헤엄치는 집』.

> 어느 날, 목욕을 하고 나서 깜빡하고 수도꼭지를 안 잠갔지 뭐예요.
> 그날 밤 어찌나 잠이 잘 오던지요.
> 다음 날 아침, 깜짝 놀랄 일이 벌어졌어요.
> 하지만 그냥 아무 일 아닌 척하기로 했답니다.

『깜빡하고 수도꼭지 안 잠근 날』은 이렇게 뭉때리며 시작한다. 수도꼭지에서 밤새 흘러나와 온 세상을 잠기게 한 물은 '나'의 상상씨를 마음껏 싹 틔우고, 쑥쑥 자라나게 한다. 덕분에 전혀 다른 일상을 즐기는 주인공. '물에 젖은 채로 지내는 게 싫다고 투덜'대는 어른들을 위해 잠수함을 만들기도 하고, 물고기로 변해 다른 물고기들과 놀기도 한다. 그러다 사람인 걸 깜빡 잊고 낚시 미끼를 물어, 하마터면 생선구이가 될 뻔한 '나'를 현실로 불러들이는 건 엄마다. "아들, 당장 물속에서 나와라. 저녁 먹을 시간이다!" 신나는 모험이 이어졌던 물속 세상을 순식간에 날려 버리는 엄마 목소리. 그래도 '나'의 즐거웠던 마음은 사라지지 않을 테니, 언젠가 '나'의 모험도 다시 이어지지 않을까.

『헤엄치는 집』에서는 "최여름, 얌전히 놀랬지. 집 안이 온통 물바다 되겠다!"라는 말이 여름이의 상상씨에 흠뻑 물을 댄다. 의미심장한 표정으로 샤워기 물구멍과 눈 맞추는 여름이. '물바다? 그래 좋은 생각이야!' 하며, 수도꼭지 활짝 열고 샤워기도 튼다. 이내 곧 '콸콸콸' 쏟아지는 물속에 잠겨 버리는 욕실. 여름이도 물속에 잠기고, 온갖 물건들이 동동 떠다니기 시작한다. 하지만 문제없다. 물안경에 수영 팬티까지, 여름이는 이미 물바다 즐길 채비를 마쳤으니까. 오히려 이 순간을, 신나는 모험을 기다려 왔으니까. 한 장 더 넘기면 두 쪽을 가득 채운 여름이가 시원하게 외친다. "자, 출발!"

마우스가 둥실둥실
책이 너울너울 춤을 추네.
엄마 아빠도 신이 나서 춤을 추지.
헤엄치는 집에 온 걸 환영해!
엄마 아빠도 반갑게 인사하지.

순식간에 '헤엄치는 집'으로 바뀌어 버린 여름이네 집. 신나게 헤엄치는 여름이와 달리 엄마 아빠는 물속에서 허우적거린다. 글의 내용과 전혀 다른 엄마 아빠의 모습. 우스꽝스런 몸짓이며 난감한 얼굴 표정이 고스란히 담긴 그림 덕분에 너무나 통쾌하다. '모두가 신나는 물속 세상'에서 오로지 엄마 아빠만 다른 얼굴이다. 만날 바쁘다고 "혼자 놀아!" 하며 여름이를 내치고 밀어내던 엄마 아빠한테 섭섭하고 속상하던 마음, 발 많은 문어가 갖가지 재주로 차지게 갚아 준다. '대왕 고래가 반갑다며 입을 크게 벌'릴 때 눈도 못 뜨고 비명 지르는 엄마 아빠. 정말 쌤통이다! 엄마 아빠는 대왕 고래 입속으로 빨려 들어갔다가 물속 세상 밖으로 나와서야 웃는 얼굴이 된다. 순간, '푸-아' 하며 덩달아 '세상 밖으로 힘차게 솟아' 오른 여름이. 다시, 현실이다. 여전히 '엄마 아빠는 소리칠 줄만' 안다. 하지만 여름이 가슴속에는 유쾌하고도 통쾌한 상상 물놀이의 시원한 시간들이 상상씨 열매처럼 자리 잡고 있을 거다. 여름이랑 헤엄치는 집을 누비고 돌아다닌 우리 마음속에도….

언제 무슨 일이 벌어질지 몰라 조마조마할 때도 있지만 상상씨 삼키고 신나는 모험 즐기는 날, 아이들이 많이 누리면 좋겠다. 주어진 현실에 갇히지 않고 또 다른 시간 꿈꿀 수 있도록, 일상의 익숙한 것들도 낯설고 신기한 것으로 바꾸어 버릴 수 있도록, 그래서 날마다 똑같은 하루가 아닌 새롭고 신나는 나날 마주할 수 있도록….

그나저나 큰일이다. 이번 여름휴가는 어떻게 보낸담. 아직 아무것도 준비 못했는데….

갑자기 딸아이가 짜증 묻은 목소리로 묻는다. "엄마, 대체 우린 언제 캠핑 가?" 아뿔싸, 그랬지. 우리가 캠핑을 가기로 했었지. 눈 딱 감고 침을 꼴깍, 삼킨다. 그래, 좋았어. 지금 당장! 바로 오늘! 먼저, 던지면 바로 펼쳐지는 텐트를 여기, 거실 바닥에 치고, 캠핑 테이블과 의자를 꺼내서…. "짜잔, 우리 바닷가로 막 캠핑 왔어. 창밖을 가리키며 저기, 바다가 보이지? 파도 소리, 끝내준다. 엄마가 얼른 저녁 준비할게. 저녁 먹고 우리, 바닷가 산책하자. 잠깐, 코펠이랑 버너가 어디 있더라…." 아, 딸아이 표정이 좋지 않다. 맞다. 나 혼자만 상상씨를 삼킨 모양이다. 어쩌지. 일단, 텐트 안에서 그림책부터 보여 줄까? 어떤 그림책을 먼저 읽어 줄까?

'그래, 수박씨 삼킨 이야기가 좋겠다.'
운 좋으면, 정말 정말 운 좋으면, 우리 가족 모두 상상씨 삼킨 날, 즐길 수 있지 않을까.

쉬이잇! 조용! 책 읽고 생각 중

> " 아이들은 크니기가 말한 중요한 사실을
> 이미 알고 있는지도 모른다.
> 벌써 그렇게 즐기고 있는 건지도….
> 어른들이 알아차리지 못할 뿐. "

『책이 꼼지락꼼지락』 김성범 글, 이경국 그림 | 미래아이 | 2011년
『책 읽는 유령 크니기』 벤야민 좀머할더 글·그림, 루시드 폴 옮김 | 토토북 | 2015년
『쉬이잇! 조용! 책 읽거든!』 코엔 반 비젠 글·그림, 김경연 옮김 | 은나팔 | 2014년

···

켜켜이 쌓아 놓은 책들이 심상치 않다. 곧 무슨 일이 일어날 것처럼 들썩인다. 특히, 맨 위에 놓인 책은 곧 책장이 펼쳐질 것처럼 꼼지락꼼지락…. 가만 보니, 제목 글자도 꼼지락거리고 있다. 『책이 꼼지락꼼지락』그림책 표지 이야기다.

일곱 살 아이들에게 이 책을 처음 읽어 주던 날이 떠오른다. 재미난 책 가져왔다고 인사 나눌 때만 해도 '꼼지락'거리는 아이들이 많았다. 앞표지 보여 주고 제목 읽어 줄 때도 '꼼지락'대는 아이들이 여럿 있었다. "얘들아, 앞면지에 그림이 있어. 책꽂이에 책들이 가득 꽂혀 있네. 어떤 제목의 책이 보이니?" 물을 때도 여전히 몇 명은 '꼼지락'거렸다. 제목 화면 펼치면서 도깨비랑 방망이가 나왔다고 했을 때도 한 두 명이 '꼼지락꼼지락' 움직이며 장난을 쳤다. 그런데 갑자기 '꼼지락꼼지락' 하던 아이들이 딱, 멈췄다. "엄마가 부르면 빨리빨리 대답하라고 했지."부터 "하루 종일 게임만 하지 말고 책 좀 보라고!"까지 무려 다섯 문장이나 되는 엄마의 잔소리를 읽었을 때였다. 목소리가 점점 빨라지고 높아지더니 숨이 가빴다.

사실, 책에서는 엄마가 보이지 않는다. 그런데도 빠르게, 정신없이, 다짜고짜 소리치는 엄마가 머릿속에 그려지는 까닭은 글자들을 색다르게 디자인해 넣었기 때문일 거다. 마치 확성기에서 울려 나오는 소리처럼 배열된 문장들과 음량에 정비례한 것 같은 글자 크기가 어린이 독자들에게 '화난 엄마'를 생생하게 전해 준다. 입 벌린 채 고개를 쳐든 주인공 범이와 비슷한 얼굴을 하고 책 속에 빠져들던 아이들. 뜨끔 놀란 얼굴로, 그다음이 궁금해 고개를 빼고 날 쳐다보던 말똥한 눈빛들이 아직도 눈에 선하다.

   이어지는 내용은 꼼지락거리는 책 속 주인공들 만나 신나게 놀기! 책 바깥으로 걸어 나온 백설 공주와 일곱 난쟁이, 흥부네 아이들, 온갖 동물들 그리고 어리석은 호랑이까지 만나며 즐거워하는 범이 모습에 아이들은 킬킬거렸다. 또, 범이가 도깨비 책 속으로 들어가 도깨비방망이를 몰래 빌려오는 장면에서는 숨죽이며 조용했다가, 도깨비방망이를 두드리는 장면에서는 다시 헤벌쭉 웃음을 터뜨렸다. 그때, '방문을 벌컥' 열고 들어온 엄마의 고함 소리가 처음처럼 불쑥 들이닥친다. 깜짝 놀란 책 속 주인공들이 헐레벌떡 책장 안으로 숨는데, 그 장면에 범이는 없다. 다음 장면에서 범이는 주눅 들지 않은 밝은 얼굴로 '꼼지락꼼지락'거리는 책들에게 말한다. "이번엔 뭐하고 놀까?"

아이들이 말했다. "벌써 끝났어요?" 아쉬워하는 아이들을 위한 보너스처럼 뒷면지에는 도깨비방망이를 찾으러 온 도깨비, 도깨비방망이를 들고 독자를 정면으로 마주한 채 아무 것도 모르고 있는 범이, 도깨비를 보고 떨고 있는 책 속 주인공 등 재미난 뒷이야기가 그려져 있다.

『책 읽는 유령 크니기』도 책이 움직이는 소리를 듣는다. 크니기는 생일날 이모에게 책을 한 권 선물 받는데, 열어 보니 책이 처음부터 끝까지 텅 비어 있다! 크니기는 책 읽기를 쉽게 포기하지 않는다. 도서관에 가서 다른 책들도 살펴보지만 텅 비어 있기는 마찬가지. 꿈나라에도 가보고, 최면술도 걸어보지만 아무 소용이 없다. 책 때문에 끙끙대던 크니기는 결국 마음을 탁, 놓아 버리고 '벌러덩 누워' 꿈속으로 빠져든다. 그날 밤, 크니기는 잠에서 깨어 '사락거리는 소리'를 듣는다. 아무도 보이지 않는 가운데 '사락… 사락…' 소리가 들려온 것이다.

그때였어요.
이모가 준 책이 스르륵 펼쳐지더니
펄럭펄럭 들썩들썩하지 뭐예요!
무지갯빛이 희미하게 비치면서

책장 사이를 들락날락하는 거예요.

겁에 질린 크니기는 너무 무서웠지만 용기를 내어 '포올짝 뛰어서 와라락 책을 붙들어 안'는다. '그러고는 챠르르르 책을 펼'치며, 이렇게 외친다.

세상에나! 기적 같은 일이에요.
텅 비어 있던 책 속에서
알록달록 빛깔들과 형형색색 무늬들이
마구 튀어나오기 시작해요.
불꽃놀이 하는 것처럼요.

수묵화를 생각나게 하는 검정 붓질로 쭉 이어진 『책 읽는 유령 크니기』의 그림은 이 장면에서 화려한 색을 입는다. 크니기는 자신만의 상상력과 자기만의 이야기로 책장이 아름답게 채워지는 것을 마주한다. 그리고 이어지는 탄성! "아하, 이제야 책 읽는 법을 알았어요! 책은 눈으로만 읽는 게 아니었어요."

크니기의 이 마지막 말은 놀랍게도, 『책이 꼼지락꼼지락』 그림책이 보여 준 범이의 모습과 닿아 있다. 범이도 크니기와 같은 생각을 했을지 모른다. 문득, 유치원 아이들의 시끌벅적 왁자지껄한 아침독서 시간이 떠올랐다. 저마다 상상을 보태고 자기 이야기를 함께 엮어 책을 읽느라 그리도 소란스러웠던 게 아닐까. 아이들은 크니기가 말한 중요한 사실을 이미 알고 있는지도 모른다. 벌써 그렇게 즐기고 있는 건지도…. 어른들이 알아차리지 못할 뿐.

하지만 어른들은 보통 가만히 앉아, 혼자, 조용히 책을 읽는다. 『쉬이잇! 조용! 책 읽거든!』에 나오는 남자처럼, 안경 낀 남자가 안경을 들고 아래를 내려다본다. 시선이 향하는 아래에는 나비를 머리에 얹은 여자아이가 당차게 위를 쳐다보고 있다. 둘 사이, 가운데쯤, 귀를 쫑긋 세우고, 어디선가 들려오는 심상치 않은 소리에 귀를 기울이고 있는 개 한 마리가 있다. 묘한 긴장감이 감도는 표지, 호기심이 일어난다. 표지를 들추면, 보름달 뜬 비 오는 밤, 불을 켜고 앉아, 책을 읽고 있는 남자의 모습이 그림자처럼 어려 있다. 뒤이어 시작되는 이야기, 처음엔 안경 낀 남자 목소리만 나온다. 소리를 나타내는 글자는 그림처럼 색깔과 크기가 다 다르다.

『쉬이잇! 조용! 책 읽거든!』 그림책은 책장과 책장 사이, 가운데 접히는 선이 공간과 공간 사이의 '벽'으로 작용하여 마치 독자들에게 한 편의 연극을 보는 것 같은 느낌을 준다. 군더더기 없는 최소한의 무대 소품으로 극 분위기를 자아내는 연출가작가의 솜씨가 탁월하다. 벽을 넘어서는 진동振動을 보여 주는 스케치, 화면 구성도 재치가 넘친다. 왼쪽에는 여자아이가 움직이며 소리와 진동을 만들어 내고 있고, 오른쪽에는 안경 낀 남자 어른이 책을 보며 작은 소리에도 반응하고 있다. 여자아이가 내는 소리는 그칠 줄 모르고, 안경 낀 남자는 기어이 책을 내려놓고 벽을 쿵쿵쿵, 친다. 소리를 나타내는 글자의 디자인과 찰떡궁합을 이루는 기발한 장면들. 관객이 된 나는 오른쪽 왼쪽, 여자아이와 안경 낀 남자를 나란히 쳐다보며 남자의 독백에 자꾸만 웃음이 터져 나왔다. 잠시 조용해지는가 싶더니, 둥 둥 둥, 북 치는 소리에 남자는 혼비백산魂飛魄散하고, 긴장은 고조된다. 결국 제자리 맴을 돌며 고심하다 남자는 밖으로 나가는데… 놀랍게도 여자아이에게 선물을 건넨다. 선물은 바로, 책!

"재미있네. 책이 재미있네." 드디어 여자아이 목소리가 나오고, 상황은 반전을 맞는다. 의자에 앉아 책을 보는 여자아이와 다시 책을 펼쳐 든 남자. 조용! 쉬이잇! 둘 다 책 읽기에 빠져들고, 시간은 어떻게 흘러가는지 모르게 흘러가 깜깜해진다. 이렇게 끝인가? 했더니, 역시… 아니다! 마지막 반전이 있다. 엄청나게 짖어 대는 개 때문에 책 읽기가 다시 중단된 것이다. 아, 맞다. 개 한 마리가 있었지, 하고 앞으로 돌아가 차근차근 살펴보면, 왜 이렇게 큰 소리로 짖어 댔는지 개의 마음을 충분히 헤아릴 수 있다. 마지막 장면은 모두 다 함께하는, 비 오는 밤의 산책. 어른도 아이도 개도 모두 즐거운 시간! 보름달은 더욱 환하게 빛나고, 이야기는 끝난다.

『쉬이잇! 조용! 책 읽거든!』 그림책이 나에게는, 책을 읽는다는 건 혼자만의 시간에 빠지는 것이 아니라 다른 누군가와 소통하고, 더 나아가 타인과 관계 맺고, 함께 더불어 시간을 나누는 것이라고 일러 주는, 한 편의 연극 같았다. 면지까지 이어진 마지막 장면의 배경이 빗소리 가득하고 낙엽 흩날리는 어둡고 축축한 밤인데도 쓸쓸하게 다가오지 않은 까닭은 그 길에 나란히 서 있는 안경 낀 남자의 미소와 여자아이의 활기찬 몸짓 때문이었을 거다. 이야기는 끝났지만 이 둘의 인연은 이제 시작일 테고, 앞으로 계속 이어지겠지.

책 읽기를 좋아하는 여자아이에서 책 읽고 글 쓰는 어른이 되어 또 다시 마주한 가을, 크니기처럼 '믿을 수 없이 놀라운 이야기들이 멋들어진 색과 그럴싸한 모양으로 책장 하나하나를 그득그득 물들이는' 책 읽기에 빠져보고 싶다. 텅 비어 버린 책 끌어안고 다 읽겠다고 용쓰지 않고, '온갖 상상의 나래' 활짝 펼치며 행복하게 책 읽고 싶다.

 뜻밖의 순간, 마음이 '얼음'처럼 굳어 버리는 때가 다가오더라도 책으로 집 짓고 그 속에 들어가, 꼼지락꼼지락 살아 있는 책 속 주인공들과 어우러질 수 있다면, 한 판 신나게 놀 수 있다면, 그 시간들이 따듯한 입김 되어 '얼음'처럼 차갑고 단단한 마음 사르르 녹일 수 있지 않을까. 아이들에게 '책'이 언제까지나 '꼼지락꼼지락' 살아 있는 존재가 되어 준다면 좋겠다.

 나의 '책'도 누군가에게 '꼼지락'거리는 무엇이 되어 주길….

고구마 캐며 즐거운 놀이, 뽕!

> 냠냠 쩝쩝 꿀꺽-
> 고구마 삼켜 어느새 한 몸이 된 다음,
> 방귀 뽕! 나올 때도 그림책 이야기 떠올리며
> 깔깔거리는 가을 누리면 좋겠다.

『고구마 버스』 후지모토 토모히코 글·그림, 정유나 옮김 | 뜨인돌어린이 | 2010년
『고구마구마』 사이다 글·그림 | 반달 | 2017년
『고구마 방귀 뽕!』 나카가와 히로다카 글, 무라카미 야스나리 그림, 이장선 옮김 | 꿈소담이 | 2013년
『아주 아주 큰 고구마』 아끼바 스에끼찌 글·그림, 양미화 옮김 | 창비 | 2007년

...

　지글지글 끓는 여름 볕에도 숨이 죽지 않고, 부쩍 자란 유치원 텃밭 생명들. 고구마 잎은 고랑을 다 덮었다. 아기 손바닥 같던 잎이 커다래지고, 여리던 줄기는 야물어졌다. 이에 질세라 여름 방학 지나고 만난 아이들도 부쩍 자랐다. 그을린 얼굴 속 말간 눈동자랑 마주칠 때마다 자꾸만 웃음이 난다. 지난봄보다 마음이 쑥 커진 것 같다. 텃밭 고구마 잎과 줄기를 내다보며 땅속 고구마를 가늠해 본다. 얼마나 자랐을까. 얼마나 커졌을까. 보이지 않아 더 궁금한 마음.

　그 마음,『아주 아주 큰 고구마』에도 나온다. 아이들의 궁금한 마음이 유쾌한 상상으로 이어져 이야기를 뻗어 가는 그림책이다. 고구마 캐러 가기로 한 날, 비가 많이 내려 나가지 못하게 된 파란하늘유치원 아이들. 잔뜩 기대한 일이 일주일 뒤로 미뤄져 속상하다. 실망한 아이들에게 선생님이 말한다. "얘들아, 고구마는 한 밤 자면 쑥, 두 밤 자면 쑥쑥, 세 밤 자면 쑤우욱 자라. 네 밤, 다섯 밤, 여섯 밤, 일곱 밤 자면 엄청 크게 자라 우리를 기다릴 거야." 이 말은 아이들 마음 밭에 씨앗처럼 떨어져 쑤우욱 자라난다. 바로, 당장, 쑥쑥.

아이들이 선생님을 보며 외친다. 고구마 그릴 거라고. 종이를 달라고. 물감도 붓도 달라고 말이다. 이내 곧 고구마를 그리는 아이들. '종이를 이어 붙이'고, 붓에 물감을 묻혀, '사악 사악' '쓰윽 쓰윽' '직직 죽죽' '철떡 철떡' 그리기 시작한다. '팔락 팔락' '펄럭 펄럭' 종이 들고 나르며 몇 번이나 이어 붙이더니 드디어 고구마 그림, 완성!

어떻게 그렸냐고 묻는 선생님에게 아이들은 머리 맞대고 신나게 그린 고구마를 보여 준다. 세상에, 책장을 하나, 둘, 셋, 넷, 다섯, 여섯, 일곱…장 넘겨 무려 14쪽을 차지하는 고구마 그림이라니! 엄청나게 커다랗고, 무지무지 기다랗다. 정말 아주 아주 큰 고구마가 눈앞에 펼쳐진다. 사실, 이 장면은 이어져 있지 않다. 펼침 화면이 아니다. 그러나 각각 잘린 그림 조각이 오른쪽에서 왼쪽으로 책장을 넘기는 찰나, 서로 맞물려, 마치 접어놓은 병풍을 펼친 듯 하나로 이어진다.

더구나 고구마 그린 종이 아래 왼쪽에서 오른쪽으로 달려가는 아이들이 '아직' '아직도' '더' '더' '좀 더'라고 외치며 책장 넘기는 우리를 재촉한다. 쉬지 말고 책장 넘기라고, 부지런히 고구마 그림 따라오라고 손짓한다. 아이들 쫓아 빠르게 책장을 넘기다 보면 마법처럼 나타나는, 참말로 큰 고구마. 선생님이 '에구구!' 놀라 엉덩 방아 찧으며 뒤로 벌러덩, 자빠질 만하다.

뒤이어 온통 자주 보랏빛 고구마 색을 바탕으로, 한가운데, 뜻 깊은 한 문장이 떡하니 박혀 있다. 언제 앉아 있었냐는 듯 벌떡 일어나 가만가만 묻는 선생님의 멋진 한 말씀. "이렇게 큰 고구마 어떻게 캐지?" 이제 아이들은 즐거운 삽질을 시작한다. 동시에 커다란 고구마랑 '영차- 영차- 영치기영차' 씨름하는 아이들의 줄다리기 한 판! 아니나 다를까, '쑤-욱, 뻥!' 뽑혀 나오는 고구마. 아이들이랑 '발라당' 나동그라진다.

아주 아주 큰 고구마를 멋지게 캐낸 아이들은 어떻게 옮길까, 궁리한다. 이런 궁리 저런 궁리 나누며, 좋은 생각 찾아내는 아이들. 결국 고구마는 두 대의 헬리콥터에 묶여 하늘을 가르며 이동한다. 이윽고, 유치원 마당에 도착한 진흙 투성이 고구마. '북북 박박' 씻은 고구마는 고구마 배로 수영장에 띄워지고, 좀 있다가는 고구마 사우루스로 변신한다. 배고프다며 고구마로 여러 가지 맛난 거 만드는 아이들.

고구마 잔치 벌여 신나게 먹기에 끝인가, 했더니 아니다. '배가

볼록볼록' 풍선처럼 부풀어 오른 아이들이 '뿡, 뿌우웅' 방귀 뀌며 '하늘로' '우주로' '모두 줄줄이 날아' 오른다. '우주로 여행 온' 아이들은 '팔라당 팔라당 팔라당' 날아다니다 고구마 빛 저녁놀 물든 구름 타고 집에 간다. 책장을 다 덮고도 쉽게 사라지지 않는 자주보랏빛 고구마 색의 신나고 즐거운 기운. 상상 놀이와 어우러진 고구마 색의 다채로운 변화가 놀랍고 놀랍다. 검정색 선으로만 그려낸 아이들의 몸짓에서 꿈틀거리는 움직임이 고스란히 느껴진다. 그 때문일까. 『아주 아주 큰 고구마』 그림책 만나는 동안 아이들은 가만있지 않았다. 자꾸만 꼼지락거렸다. 자주 보랏빛 고구마 색이 아이들 마음에 스며들어 꿈틀 기운을 채워 준 것처럼.

문득, 광평 고구마 밭이 떠오른다. 『고구마 버스』 그림책 속 생쥐들처럼 우리도 큰 버스를 타고 차로 15분 남짓 걸리는 광평 고구마 밭에서 고구마를 캔 적이 있다. 버스 안에서 왁자지껄 떠들고, 버스가 흔들릴 때마다 엉덩이 들썩이며 신나 하는 생쥐들. 우리 아이들 같다. 꽃삽으로 고구마 캐면서, 더 큰 고구마 갖고 싶어 친구들과 실랑이 벌이는 모습까지 꼭 닮았다. 그런데 생쥐들 앞에 커다란 고구마가 나타나면서 뜻밖의 이야기가 펼쳐진다. 버스가 생쥐들에게 '엉덩이를 콕콕 찔러' 달라고 한 것이다. 생쥐들은 기꺼이 '콕콕!' '쿡쿡!' 버스 엉덩이를 찔러 준다.

그러자 신기한 일이 일어났어요.
버스의 코가 피노키오의 코처럼 쭉쭉 길어지더니
뱅글뱅글 돌며 땅을 파는 기계로 변했어요.
드르륵 드르륵 득득!
"우와! 고구마 캐는 버스가 됐네!"
생쥐들은 너무 놀라 입을 쩍 벌렸어요.

아이들도 깜짝 놀라 입을 쩍, 벌린다. 그러더니 금세 얼굴에 웃음이 번진다. 책장을 넘기니, 땅이 옆으로 누웠다. 아니 책을 세워서 봐야 할까. 두 쪽에 걸쳐 그려진 커다란 고구마 따라 땅속 깊이 파고들어 가는 고구마 버스. 대단하다. 버스에 탄 생쥐들이 외친다. "힘내라, 힘!" 우리도 응원한다. "힘내라, 힘!" 고구마 가장자리 따라 한 바퀴를 다 돌고 땅 위로 올라온 고구마 버스는 줄다리기 줄 맨 끝에서 고구마 줄기 잡아당기는 생쥐들에게 힘을 보탠다. 덕분에 쑤욱! 뽑혀 나온 고구마. 그런데 이를 어쩌나. 줄기에서 떨어져 나온 커다란 고구마가 '빙빙 돌며 날아가' 화산에 쑥 박히고 만다. 그러더니 눈 깜짝할 사이, 고소한 냄새를 풍기며 '번쩍번쩍 쾅쾅 하늘 높이 솟아' 올랐다 떨어진다. 따끈따끈한 군고구마다. 맛있게 먹고 남은 군고구마 이고 돌아가는 길, 버스도 생쥐들도 보는 우리들 마음도 모두 활짝! 즐겁다.

해마다 아이들 앞에도 커다란 고구마가 나타나곤 했다. 그러면 아이들은 자신이 고구마 버스라도 된 양, 꽃삽을 돌리며 이리 파고 저리 팠다. 땅 위로 드러난 고구마 윗동을 움켜쥔 채 흔들어도 보고, 짤막하게 남은 고구마 뿌리를 잡아당기기도 하면서 있는 힘을 다해 씨름했다. 그래도 안 되겠으면 가까운 친구를 불러 함께 줄다리기를 하고, 그래도 안 되겠으면 선생님을 불렀다. 그렇게 고구마 밭에서는 어김없이 줄다리기 시합이 벌어지곤 했다. 대개는 아이들 승勝!

『고구마 방귀 뿡!』에도 줄다리기 장면이 나온다. 『아주 아주 큰 고구마』 『고구마 버스』가 고구마랑 씨름하며 줄다리기하는 아이들과 생쥐들의 모습을 주로 담은 반면, 『고구마 방귀 뿡!』은 고구마와 아이들의 모습을 각각 한 쪽씩 대등하게 담았다. 땅 위에서는 아이들이, 땅 속에서는 고구마들이, 땀방울 흘리며 줄을 잡아당기는데 양쪽이 팽팽하다.

"고구마는 흙 속에 살아요."로 시작하는 『고구마 방귀 뿡!』그림책은 고구마를 의인화하여 재미나게 이야기를 풀어 간다. 특히, 줄다리기에서 진 고구마들이 따끈따끈한 군고구마가 되어 아이들 배 속으로 들어간 다음 '뿡뿡뿡 뿌~웅 뿡뿡!' 방귀로 빠져나오는 장면에서 아이들은 난리가 난다. "어쿠! 방귀 냄새.", "고구마 구린내." 이어지는 짤막한 글에도 웃음보가 터진다. 놀라운 건 마지막 장면. 아까 줄다리기 장면에서 '필승' 머리띠를 했던 고구마 눈, 코, 입이 우리를 똑바로 쳐다보고 말한다. 음하하하! 고구마가 이겼어요. 정말 대단하다. 잡아 먹혔는데 방귀로 변신, 우리 몸을 뚫고 밖으로 나오다니! 고구마가 이겼다고 할 만하다.『고구마 방귀 뿡!』그림책 덕분에 우리들의 고구마 이야기는 더욱 풍성해졌다.

『아주 아주 큰 고구마』『고구마 버스』『고구마 방귀 뿡!』세 권 모두 일본에서 태어난 터라 고구마 그림책 만날 때마다 우리 작가 우리 그림책도 있으면 얼마나 좋을까, 바랐는데 드디어 만났다. 이름부터 재미난『고구마구마』! 책 제목 아래 작게 박힌 작가 이름, 사이다. 작지만 '보이지 않는' 힘이 있다. 아이들이 듣자마자 웃음을 팡, 팡, 터뜨린다.『고구마구마』에는 처음 보는 구마체가 나온다. 무슨 말이든 '-구마'로 끝난다. 놀라운 건 크기와 모양, 색깔, 생김새가 모두 다른 고구마처럼 '-구마' 또한 서로 다른 느낌으로 입에 붙는다는 사실! 마치 사람 같은 고구마 그림도 눈길을 사로잡지만 읽는 맛, 소리 내면 소리 낼수록 감칠맛이 난다.

『고구마구마』가 마음을 사로잡는 또 한 가지는 고구마 세계에

대한 속 깊은 생각. 튀긴 고구마로 바뀌기 전 잘게 잘린 고구마에게 다가가 "아팠겠구마."라고 눈감고 이야기하는 아주 작은 고구마의 혼잣말부터 뒤이어 나오는 "모두모두 속이 빛나구마!" 힘찬 외침까지, 새로운 생각들에 놀라고 빠져든다. 고구마 이야기는 나올 만큼 나와서 더 이상 새로울 것이 없다고 생각했는데, 보란 듯이 또 다른 상상으로, 재미난 말놀이로, 고구마를 만나게 하는『고구마구마』. "이제 끝이구마." 해놓고는 한 장을 넘기면 "싹났구마!" 소리치며 다시 시작, 하는 생명의 기운, 삶의 순환까지 보여주는 우리 고구마 그림책, 반갑고 기쁘다.

 이번에는 어떤 고구마와 만나게 될까. 어떤 고구마 놀이가 재미지게 펼쳐질까. 또 다시 궁금한 마음이 샘솟는다. 고구마 캐며 즐거운 놀이, 뿡! 누리는 가을이면 좋겠다. 아이들이 고구마랑 씨름하고 놀이하며 제대로 만나고, 냠냠 쩝쩝 꿀꺽- 고구마 삼켜 어느새 한 몸이 된 다음, 방귀 뿡! 나올 때도 그림책 이야기 떠올리며 깔깔거리는 가을 누리면 좋겠다. 많이 웃고 신나고 즐겁게 놀면서 마음 영글어 가는 가을 보내면 좋겠다.

 이 가을, 고구마 방귀처럼 몸을 뚫고 뿡! 밖으로 터져 나올 새로운 시간들을 고대해 본다.

나온다, 나와! 쑥, 쑥쑥!

> 아이들이 배추의 노란 꽃처럼
> 남이 정한 쓸모에 갇히지 않고 스스로 존재하는 기쁨,
> 더불어 살아가는 즐거움 누리며 살아갈 수 있다면 얼마나 좋을까.

『가래떡』 사이다 글·그림 | 반달 | 2016년
『커다란 순무』 이반 프랑코 글, 아그라프카 아트 스튜디오 그림, 김경미 옮김 | 비룡소 | 2016년
『작은 배추』 구도 나오코 글, 호테하마 다카시 그림, 이기웅 옮김 | 길벗어린이 | 2015년

⋯

　가을이 슬금슬금 물러나면 딱 고만큼 설렁설렁 들이칠 겨울, 문턱이다. 가을과 겨울의 엎치락뒤치락 씨름판이 벌어지고, 마음 급한 겨울이 언제 가을을 메다꽂고 차가운 휘파람 불며 춤출지 모르는 11월. 달력을 본다. 4개나 되는 숫자 1의 나란한 행진으로 눈길을 끄는, 11월 11일. 그래, 올해도 어김없이 전해야겠지. "금오유치원은 아이들과 빼빼로 데이를 즐기지 않습니다." 일주일에 한 번씩 나가는 안내문에도 빼놓지 않고 안내를 내보낼 거다. "과자를 가져와도 모두 되돌려 보낼 예정이니, 이해해 주시고 또 함께해 주시길 부탁드립니다." 농업인의 날과 가래떡의 날 이야기 보태며 이런 말도 덧붙여 볼까. "아이들과 빼빼로 대신 가래떡을 나눠 먹으면 어떨까요?"

　마침, 새로운 가래떡도 나왔다. 빼빼해질 필요가 전혀 없는, 하루하루 자라날 아이들과 색다르게 맛볼 수 있는 그림책, 『가래떡』. 나온 지 얼마 되지 않아 아직 말랑말랑, 따끈따끈하다. 표지부터 가래떡이 쭉쭉, 아래로 길게 쭉쭉, 뻗어 나온다. 떡가래로 길게 늘인 제목 글자도 멋지고, 가래떡들 사이사이 움직임이 자유로운 사람들 얼굴 표정도 재밌다. '사이다' 작가 이름에서부터 생동生動하는 기운이 톡톡 터진다. 표지를 넘기면 저만치 절굿공이 들고 대각선으로 앞장서 달려가는 한 사람과 뒤이어 쌀알 가득 담은 소쿠리를 이고 가는 세 사람이 빠른 몸놀림으로 면지를 가로지른다. 어서 책장 넘겨 따라오라고 재촉하는 것 같다. 넘기자마자 제목 화면 아래 세 사람, 절구 한가득 쌀알 넣고 절굿공이로 짓찧고 있다. 쌀알 쏟아지는 소리며 절굿공이가 절구에 박히는 소리가 들리는가 싶더니 이야기가 시작된다.

자세한 그림이 아닌데도 붓놀림이 살아 있는 흰색 동그라미, 커다란 떡 반죽이 실감난다. "가래떡 기계 안에 쿵!" 글자를 소리 내어 입 밖에 내놓으니 떡처럼 차지게 입에 붙는다. 실실거리며 자꾸만 중얼거리게 되는 두 마디. "나온다, 나와!" 책장을 넘기니, 정말 나온다. 가래떡이 나온다! '길쭉길쭉' 나오고, '따끈따끈' 나온다! '구불텅구불텅' 나오고, '미끌미끌 미끄럼틀'처럼 나온다!

곁에 바싹 붙어 『가래떡』 들여다보는 딸아이가 방싯거린다. 가래떡처럼 팔다리가 쭉쭉 길어진, 『가래떡』 세상 사람들에게 벌써 마음을 빼앗긴 눈치다. 가래떡 미끄럼틀 타고 찬물에 '풍덩!' 빠져들었다가 물 밖으로 나온 장면에서는 몸을 부르르 떨며 웃는다. 스프링처럼 동글동글 가래떡 산등성이를 지나 '탁탁탁탁!' 신나게 썰린 가래떡 바다가 펼쳐지자 딸아이는 자기도 모르게 속살거린다. "재밌다!" 나도 모르게 맞장구친다. "정말 재밌다!" 슬슬 군침이 돈다 싶더니 '보글보글 국물이 개운한 떡국'이 나오고 '가래떡 구이'도 나온다.

가래떡처럼 길게, 두 쪽에 걸쳐 넓게 펼쳐진 상 위에 뜨끈뜨끈 김 오르는 떡국과 가래떡 구이가 줄지어 나란히 놓여 있다. "맛있겠다!", "신난다!" 머릿속에 떠오른 말들이 책 속에 있다. 침 꼴깍 삼키며 "잘 먹겠습니다!" 소리치는 마음이 즐겁다. 그런데, 갑자기 한 사람이 "아직 아직 잠깐만요!" 외치며 귀퉁이로 달려간다. 빠르게 책장 넘기는 손길이 다음 장의 "꿀!" 단지와 맞닿는다. 뒤이은 면지를 가득 채운 노란 꿀 색, 『가래떡』 맛을 제대로 보여 준다. 달달하고 쫀득쫀득한 상상 놀이의 재미, 정말 꿀맛이다. '날이면 날마다 엄청나게 위대한 일을 아무도 모르게 하고 있'고, '이제 보이지 않는 것을 보이게 만드는 일을 시작'했다는 작가의 다음 책은 어떤 맛일까. 벌써부터 스읍, 침이 고인다.

이번엔 그림책 『커다란 순무』를 뽑아 든다. 아이들과 이맘때 무 뽑을 때마다 만나곤 했던 이야기. 익히 알려진 러시아 옛이야기가 아닌 우크라이나 옛이야기에, 우크라이나 젊은 디자이너 커플의 작업으로 새롭게 태어나 우리 곁에 나타났다. 비슷하지만 다르다. 세련되고 감각적인 디자인, 표지부터 다르다. 손끝에 결이 느껴지는 검은 바탕의 띠지는 전체의 41%가 검은 흙으로 되어 있다는 우크라이나 땅을 떠올리게 한다. 마치 밭에 순무가 심어진 것처럼 제목 글자 박힌 띠지 뒤로 순무의 줄기와 윗동이 드러나 있다. 흙빛 담은 바둑판 모양의 무늬로 가득 채운 앞뒤의 면지도 기름진 논밭을 떠오르게 한다. 고랑과 이랑을 생각나게 하는 디자인의 커다란 순무 그림 한가운데 박혀 있는 제목 글자도 흥미롭다. 문득, 호기심 어린 얼굴로 이 책을 바라보던 아이들 얼굴이 생각난다. 이야기가 시작되자마자 터져 나왔던 아이들의 웃음소리도….

낯선 이름이 입에 붙지 않아 읽어 주기 전부터 몇 번이나 중얼거렸는데 막상 큰 소리로 읽어 내려가자 술술 막힘없이 이야기가 흘러나왔다. 자, 여기가 안드루쉬카, 그 옆이 마루쉬카, 민카, 핀카, 바르바르카, 시로만카! 알 수 없는 어떤 힘에 이끌리듯 나는 손바닥을 그림에 갖다 대고 이름을 여러 번 읊었다. '-카' 소리가 날 때마다 아이들은 허리를 꺾으며 웃었다. 그렇게 웃다가도 펼쳐지는 그림이 신기해 잠시 숨을 고르며 눈을 동그랗게 뜨고 고개를 빼던 아이들. 기다란 줄자가 박힌 커다란 순무를 보여 주려고 책의 방향을 바꿔 세로로 세우니, 여기저기서 탄성이 터진다.

드디어, 커다란 순무를 뽑을 때! 아그라프카 아트 스튜디오의 영리한 작전이 펼쳐진다. 계단식 화면 분할로 독자가 넘긴 책장이 이전 장면 위에 차례차례, 부분에서 전체로 포개지면서 반복되는 이야기의 변화를 시각적으로 보여 준다. 할아버지 혼자 순무의 초록 이파리를 꽉 붙잡았던 장면이, 책장을 넘김과 동시에 할머니가 할아버지를 움켜쥔 모습으로 바뀌고, 가장자리로는 앞으로 힘을 보탤 나머지 인물들인 딸, 강아지, 고양이, 생쥐가 차례차례 반복적으로 보여 재미를 더한다. 흥미로운 점은 이야기 역시 같은 작전으로 펼쳐진다는 사실!

할머니-딸-강아지-고양이-생쥐의 순서로 차례차례 힘을 보태는 앞부분 이야기는 조금씩 달라지지만 바탕을 이루는 뒷부분은 똑같이 반복된다. 그때마다 우리는 우크라이나 땅으로 순간 이동하여, 순무의 초록 이파리를 잡고, 할아버지를 움켜쥐고, 할머니를 잡고, 딸을 붙잡고, 강아지에게 매달리고, 고양이를 잡고, 생쥐 꼬리를 붙잡고, 손아귀에 힘을 꽉 준 채 소리쳤다. "어기영차 어여차! 순무야 나와라!" 함께 외치는 그 순간, 우리는 그곳에 함께 있었다. 그러다 기어이, "파박!", "쿠당탕!" 커다란 순무가 뽑혀 나올 때 뒤로 벌러덩 나자빠지며 여기, 이곳으로 돌아왔다. 이야기가 끝났으니까. 신나고 즐거운 기쁨이 온몸을 휘감던 찰나가 떠오른다.

지금, 이 순간, 나에게 이렇게, 그 짧은 찰나가 되살아오듯, 아이들에게도 그러하면 좋겠다. 무 뽑을 때, 깍두기 담글 때, 무 마주할 때, 그 짧은 찰나가 아이들을 찾아가 신나고 즐거운 마음 기운 보태 주면 좋겠다. 혼자서는 뽑기 힘든 커다란 순무처럼 어렵고 힘든 일을 맞닥뜨렸을 때, 여럿이 힘을 합쳐 헤쳐 나가면서 함께 누렸던 기쁨의 찰나! 이 찰나를 다시 불러들이는 경험들을 쌓아갈 수 있다면 좋겠다.

마음에서 가만히 『작은 배추』 이야기를 불러온다. 질박한 붓질의 그림이 마음을 두드리는 그림책, 『작은 배추』. 밭에서 조금 떨어진 가장자리에서 흙덩이를 밀어내고 세상에 나온 작은 배추는 떡잎 때부터 "나는 누구일까?" 고개를 갸웃거린다. 같은 자리에서 여러 해 지낸 감나무에게 이것저것 배우면서 조금씩 자라나지만 밭에서 자란 크고 무거운 배추에 비하면 아기처럼 작고 가벼운, 작은 배추.

큰 배추들이 트럭을 타고 채소 가게로 모두 떠나갈 때 결국 트럭에 오르지 못하고 홀로 남겨진다. 작은 배추를 토닥이며 "그래, 넌 여기서 봄을 기다렸다가 꽃을 피워 나비랑 놀려무나." 하는 트럭 아저씨. '넓디넓은 언덕 밭에' 혼자 남은 작은 배추가 울먹이며 "봄이 뭐야? 꽃은? 나비는 또 뭐야?"라고 감나무한테 묻는다.

"봄이 되면 해님이 네 곁에 바싹 다가와.
그러면 포개 있던 속잎이 활짝 펼쳐지며 쑥쑥 크지."
"쑥쑥 큰다고? 나도?"
"그럼! 꼭대기에 노란 꽃도 가득 피지.
햇살 닮은 나비가 와자지껄 모여든단다.
얼마나 즐거운지 아니?"

감나무 덕분에 작은 배추는 울먹이지 않고 '더 재미있을 것 같'은 봄을 기다리기로 한다. "느긋하게 한숨 자. 봄이 오면 깨워 줄게." 하며 '꾸벅꾸벅 조는 작은 배추 곁을 그림자처럼 지켜 주'는 감나무. 그들에게 '펑펑 눈 내리는 밤과 얼음장 같은 아침이 지나가고', 해밝은 봄이 찾아온다. '샛노란 꽃이 왕관처럼 피'어난 작은 배추! 아니, 이제 더 이상 작은 배추가 아닌 배추의 "안녕, 안녕하세요?" 인사가 눈부시게 환하다. 감나무의 여린 새잎 아래 노오란 배추꽃, 그리고 흰 나비, 봄날의 맑고 따듯한 볕이 마음에 기쁘게 스며든다.

유치원 마당에도 텃밭을 내려다보는 감나무가 있다. 더구나 우리도 뽑지 않고 그대로 두어 겨울 지난 어느 봄날 꽃 피워 낸 배추를 놀랍게 만난 적이 있다. 마치 우리를 찾아온 듯한 『작은 배추』 이야기, 반갑고 기쁘게 마주하며 생각한다. 아이들이 배추의 노란 꽃처럼 남이 정한 쓸모에 갇히지 않고 스스로 존재하는 기쁨, 더불어 살아가는 즐거움 누리며 살아갈 수 있다면 얼마나 좋을까. 감나무 같은 어른들이 아이들 둘레에 많아져야 하리라. 무엇보다 오롯이 자기 자신으로 살아가는 어른들이 세상에 많아져야 하리라.

『가래떡』 같은 그림책으로 꿀맛 상상 놀이를 즐기고, 『커다란 순무』처럼 익숙하지만 새롭고 재미난 이야기 세계로 순간 이동하여 여럿이 함께 신나고 즐거운 찰나를 누리며 맞이하는 겨울이라면 아무리 춥고 추운 날이라도 마음만은 얼어붙지 않고, 쫄깃쫄깃, 탱글탱글, 따끈따끈하게 날 수 있을 것 같다.

그림책과 더불어 '나' 자신으로 쑥쑥 자라나는 나날 보내며 『작은 배추』처럼 눈부시게 환한 봄 같은 시간 마주하길….

혼자가 아닌 우리, 다음, 야호!

> 그림책 제목처럼 "야호, 우리가 해냈어!" 소리치며 더불어 기뻐하는 시간들 속에서 아이들이 자라날 수 있다면 세상은 좀 더 나은 곳이 되지 않을까.

『시작 다음 Before After』 안느-마르고 램스타인, 마티아스 아르귀 지음 | 한솔수북 | 2015년
『야호, 우리가 해냈어!』 레지나 그림, 엄혜숙 글 | 주니어김영사 | 2017년

...

　까만 밤, 어디선가 불빛이 반짝반짝한다면? 깜깜 어둠에 잠겨 있던 것들이 반짝, 반짝, 불빛 들어올 때마다 모습 드러내지 않을까. 불빛 색깔마다 서로 다르게, 불빛 비추는 자리마다 새롭게, 어둠이 켜지는 순간을 상상해 본다. 누군가 이 불빛에 마음을 빼앗겨 가던 길 멈추고 돌아선다. 가까이 다가가 잠시 불빛 둘레에 머무른다. 마음 골짜기, 구석진 자리에 빛이 스며들며 잠시 잊고 있던 소중한 순간들과 반짝반짝, 마주한다.

　『시작 다음 Before After』 그림책을 처음 봤을 때, 나는 어두운 가운데 차례차례 켜지는 색색의 알전구를 보는 듯했다. 초록빛 '시', 귤빛 '작', 붉은빛 '다', 하늘빛 '음', 반짝, 귤빛 Before, 붉은빛 After, 반짝. 알록달록 낱글자 알전구는 검정색 바탕의 깜깜한 어둠을 발랄하고 경쾌하게 밝히고 있었다. 마음을 파고드는 색 글자 불빛, '시, 작, 다, 음'에 이어 뒤표지에 박힌 글자들까지 무리지어 색색으로 깜빡였다.

　시간이 흐르면 모습이 변해!
　꼬물꼬물 애벌레가 훨훨 나비가 되고

커다란 나무에서 도토리가 열리고

닭이 달걀을 낳고, 달걀은 다시 닭이 되고…

다음에는 어떻게 달라질까?

눈으로 들어온 색 글자가 속삭이는 소리로 귓가에 대롱대롱 매달렸다. 그 밤, 나는 지역 내 새로 생긴 아름다운 서점, 삼일문고로 내달렸다. 불빛에 달려드는 불나방처럼 뛰어 들어가 책을 찾았다. 다행히 책꽂이에 책이 있었다. 딱 한 권. 책을 뽑아 들며 놀랐다. 책이 생각보다 무겁고 두꺼웠다. 책등만 보면 도감이나 사전이라고 해도 믿을 만큼. 하지만 폭이 좁고 약간 길쭉한 모양의 『시작 다음 Before After』는 그림책이었다. 글 없는 그림책.

온통 검정인 캄캄한 앞면지를 지나면 대낮 같이 환하게 다가오는 흰색 종이 한가운데 떡하니, 모래시계가 놓여 있다. 자세히 들여다보면, 바닥에 작은 모래 산이 보인다. 그 산꼭대기 위로 아주 작은 모래 알갱이가 쏟아지고 있다. 모래시계 살피는 눈짓과 책장을 넘기는 손짓 사이, 시간이 흐른다. 마치, '지금부터 시작합니다. 다음 장을 봐주세요.' 안내문처럼 바로 곁에 나와 있는 제목 글자, 시작 다음. 넘기면 밤하늘의 달과 한낮의 해가 나란히 펼쳐진다.

왼쪽과 오른쪽, 서로 다른 두 장면을 꿰뚫는 시간. 뒷장에는 꽃봉오리 하나가 활짝 핀 꽃 한 송이로 바뀌어 있다. 아, Before After!

이토록 단순하게, 그러면서도 다양하게, 시간의 변화를 보여 주는 책이 또 있을까. 도시의 건설 현장, 철골이 올라가는 장면이 우뚝 선 고층 빌딩 숲으로 바뀌어 있고, 뒤이어 밀림에서 나무줄기를 붙들고 있던 아기 킹콩이, 다 자란 모습으로 빌딩 숲 건물 꼭대기에 피뢰침을 붙든 채 비행기와 씨름하고 있다. 시간이 흐르면 절로 달라지는 자연 현상뿐만 아니라 인간이 만든 변화, 그것의 빛과 그림자에 대해서도 가늠하게 하는 뜻밖의 전개. 단순히 그림을 살펴보고 무엇이 달라졌는지 찾아내는 데 그치지 않고 눈앞에 펼쳐진 풍경에 대해 곱씹게 한다. 전前과 후後를 따져 보게 한다. 왼쪽과 오른쪽이 첩첩산중으로 이어진 어느 장면에는 양쪽 가장자리, 낭떠러지 언덕 끝에 남자와 여자가 마주보고 서 있다. 도저히 닿을 수 없을 것 같은, 머나먼 두 사람 사이는 뒷장에서 길고 긴 다리가 놓이며 서로 연결된다. 그리고 남자는 오른쪽으로 건너가 여자 앞에 서 있다. 그럼, 다음은? 책장 넘기며 궁금해지는 그림책, 『시작 다음 Before After』.

함께 보던 둘째 아이가 내게 아무 말도 하지 말란다. 자기가 말해 준단다. 책장도 함부로 넘기지 말란다. 신호를 주면 넘기란다. 하나, 둘, 셋! 하면. 그래놓고 빨리 넘기라고 야단이다.

"문어에서 먹물이 나오잖아. 그게 잉크가 된 거고, 비둘기 깃털이 펜이 되고… 알았다, 이건 잉크랑 펜으로 쓰다가 타자기가 나왔다는 거네. 발명품, 맞지? 어, 비둘기 발목에 편지 있다! 비둘기 우표 붙인 편지가 비행기 타고 날아가나 보다. 맞네, 내 말!" 혼자 박수까지 친다. "저기, 비행기 날아간다. 그런데 어디로 가나? 아, 섬으로 가는구나. 화산섬? 우와, 카멜레온이다!"

글 없는 그림책인데 아이는 그림에서 끊임없이 글을 읽어 낸다. 말을 쏟아 낸다. 신나 하는 아이를 물끄러미 바라보며 생각한다. '아이야, 너의 '시작'을 아니? 엄마 뱃속에 자리했던 네 작고 작은 '시작'을 기억하니? 조그마한 입 달싹이며 옹알이하던 네가 언제 이렇게 자랐을까. 너의 '다음'은 무엇일까? 네가 마주할 '다음'은 어떤 시간들일까….'

교실로 들고 들어가 다섯 살 아이들에게 보여 주니 와글와글, 그림이 바뀔 때마다 여기저기서 내 말 들어 보라고 난리다. 여섯 살 아이들도 자기 이야기며 그림 속 이야기 들려준다고 여기저기서 들썩들썩. '견우, 직녀'도 떠올리고, '아기 돼지 삼 형제', '신데렐라' 이야기도 읽어 낸다. 일곱 살 아이들의 입에서는 달에 처음 발자국 남긴 '닐 암스트롱' 이름도 나오고, '진화'라는 단어도 나온다. "밤이 지나면 낮이 오고, 낮 다음엔 밤이잖아요." 우리가 이런 것도 모를 줄 알았냐는 듯 당당한 목소리로 말해 주는 아이들. 봄여름가을겨울 뒤에 또다시 어김없이 봄여름가을겨울이 온다는 것도 알고 있다. "어? 모래시계 또 나왔네.", "모래 다 떨어졌다!", "선생님, 뒤집어 봐요!" 모래시계를 뒤집으면 다시 시작, 다음 시간이 이어진다는 것도 알고 있는 아이들. "이제 졸업이 얼마 남지 않았네. 너희들의 다음은 어떨까? 궁금하다. 학교 가서도 놀러 와!" 책 덮으며 반짝이는 눈동자들 마음에 담는다.

새삼, 몇 년 전 졸업을 앞둔 아이들이 스스로 만들었던 '나에게 주는 상장'이 떠오른다.

레고 박사상.

김하담

위 어린이는 쌓기 놀이터에 있는 레고를 가지고 제트기를 잘 만들어 이 상을 줍니다. 앞으로는 탱크를 만들 겁니다. 그런데 전쟁은 안 할 겁니다.

미소상.

이민하

위 어린이는 날마다 웃으며 친구들에게 행복한 기를 전해 주기 때문에 이 상을 드립니다. 행복한 사랑을 나눠 주는 민하가 될 거예요.

최우수 연기상.

정휘진

위 어린이는 연기를 잘하는 어린이입니다. 잘하는 연기는 우는 연기입니다. 근데 우는 연기를 하다가 진짜 울 수 있어요. 연기자 정휘진!

졸업식 전날 밤, 강당 한 쪽 벽면을 가득 채운 아이들의 상장을 가만가만 읽어 내려가다 몇 번이나 뺨을 훔쳤는지 모른다. 자신을 꼭 닮은 글씨와 그림으로 만들어 낸, 세상에서 하나 뿐인 상장 속에 아이들의 소중한 '다음' 씨앗들이 담겨 있었다. 우리가 처음 만난 '시작'을 돌아보면 고맙고 감사한 '다음'이 상장마다 어려 있었다. 훌쩍 지나 버린 시간만큼 부쩍 자라있을 아이들. 다들 어찌 지내고 있을까….

그리운 얼굴들 헤아려 보는 사이, 마음에 쏙 들어온 그림책, 『야호, 우리가 해냈어!』. 동그라미 안에 정답게 붙어 아래를 내려다보는 앞표지 속 동물들이 꼭 아이들 같이 반갑다. 반달곰, 달곰이. 두루미, 흰날개. 산토끼, 깡총이. 오리, 꽥꽥이. 여우, 캥캥이. 부엉이, 큰눈이. 이름도 귀에 쏙쏙 들어오는 동물 친구들. 사슴 큰뿔이가 깊은 구덩이에 빠졌다는 소식에 모두 서둘러 길을 나선다. 먹을 걸 챙기고, 강을 건너, 물도 좀 마시고, 꽃밭에서 잠깐 쉬기로 했다가 그만 깜빡 잠이 들기도 하지만 컴컴한 숲길 마다하지 않고, 여럿이 마음 내고 서로 도와가며 큰뿔이가 빠진 구덩이를 찾아간다. 드디어, 다다른 구덩이. 저기, 저 아래, 큰뿔이가 보인다. "큰뿔아, 괜찮아?", "안 다쳤니?", "배는 안 고프니?" 걱정하는 친구들. 큰뿔이에게 꼭 필요한 도움을 준다. 먹을거리를 챙겨 내려 주고, 큰뿔이가 구덩이를 빠져나올 수 있도록 작전을 짠다.

이 대목에서 잠시 그림책을 덮어 두고, "얘들아, 어떻게 하면 좋을까?" 물어보면 뭐라고 할까. 동물 친구들이 생각해 낸 방법을 일러주기 전에 아이들과 한 번쯤 나눠 본다면… 저마다 기발한 작전을 들려주지 않을까. 어쩌면 벌써 한걸음에 그림책 속으로 내달려, 달곰이, 흰날개, 깡총이, 꽥꽥이, 캥캥이, 큰눈이 곁에 바짝 붙은 채 큰뿔이를 도와주고 있을지도 모른다.

자, 그렇다면, 동물 친구들이 '생각하고, 생각하고, 또 생각'한 끝에 마련한 작전은? 돌과 나뭇가지를 배낭에 담아, 내려 보내기! 친구들은 작전대로 부지런히 움직여 큰뿔이가 디딤대를 밟고 올라올 수 있게, 있는 힘을 다한다. '날이 밝아올 무렵', 뿔이 조금 보이더니 구덩이 밖으로 빠져나온 큰뿔이. 친구들은 기뻐 소리친다. "야호, 드디어 큰뿔이가 나왔다!" 이윽고 큰뿔이네 동그란 식탁에 둘러앉아 맛있는 음식 실컷 먹고는 쿨쿨 잠든 동물 친구들의 모습, 부드러운 결이 살아 있는 따스한 그림으로 평화롭다.

아이들 입에서 "야호!" 소리 터져 나오는 '다음'이 많아지면 얼마나 좋을까. 구덩이 같은 시간에 빠진다 해도, 너무 늦지 않게 구덩이로 달려와 줄 친구들과 '다음'을 함께할 수 있다면! 서둘러 길을 나서 주고 마음 보태 줄 수 있는 친구들과 함께라면 어려운 시간들도 씩씩하게 헤쳐 나갈 수 있을 텐데…. 그림책 제목처럼 "야호, 우리가 해냈어!" 소리치며 더불어 기뻐하는 시간들 속에서 아이들이 자라날 수 있다면 세상은 좀 더 나은 곳이 되지 않을까.

세엣.

고마워,
더불어 사랑해!

그림책이 마음을 불러올 때

> 좋은 그림책은 여행이 끝난 뒤
> 일상으로 '나'를 데려다주며 묻는다.
> '나'를 돌아보게 한다.
> '나'의 이야기를 생각하게 만든다.

『우리 서로 사랑할 때에』 쥬드 데일리 그림, 노경실 옮김 | 산하 | 2012년
『수많은 날들』 앨리슨 맥기 글, 유태은 그림, 이정빈 옮김 | 이야기꽃 | 2013년
『날마다 멋진 하루』 신시아 라일런트 글, 니키 매클루어 그림, 조경선 옮김 | 초록개구리 | 2012년

…

좋은 그림책은 마법사 같다. 소리 내어 읽으면 마치 주문을 외운 것처럼 뜻밖의 시간들을 눈앞에 펼쳐 보인다. 그리고 새로운 세계로 우리를 잡아끈다. 순간, 우리는 일상을 벗어나 낯선 곳을 누비며 새로운 마음이 된다. 전에 없던 마음이 생기기도 하고, 전에 있었으나 잃어버리고 있던 마음을 다시 챙기기도 한다. 신기한 일은 책장을 다 덮고 난 이후에도 마법은 사라지지 않는다는 것이다. 그림책이 불러온 마음들은 쉬이 사그라지지 않는다. 딱딱한 현실에 작은 틈을 만들고 씨앗처럼 여운을 남긴다.

그 밤, 『우리 서로 사랑할 때에』 그림책을 들고 나간 건 무엇보다 제목 때문이었다. 오랜만에 만나는 자리, 마음을 전하고 싶은 자리였다. 두건을 벗어 버렸던 그녀가 다시 두건을 쓰고, 전에 하지 않던 장갑도 끼고 있을 때였다. 그 여름, 안경 너머 눈동자에 늘 웃음을 담고 다니던 그녀는 다시 찾아온 암에 꿋꿋하게 맞서는 중이었다. 작은 카페에 마주 앉은 나는 가만히 그림책을 내밀었다. 그녀가 표지를 보며 나지막하게 제목을 읽었다.

"우리 서로 사랑할 때에…"

마치 뒤이어 무슨 말을 할 것처럼 그녀는 '때에'를 길게 발음했다. 그러면서 그녀는 책장을 한 장 한 장 넘기기 시작했다.

　맞은편의 나는 나도 모르게 자꾸만 장갑 벗은 그녀의 손에 시선이 머물렀다. 껍질이 벗겨진 것처럼 살갗이 까칠한 손…. 학부모와 선생으로 만나 책 모임과 손바느질 모임을 함께 하면서 보았던, 유난히 재주가 많아 돋보였던 그녀의 손, 윤이 나고 매끄럽던 손이 눈앞의 까칠한 손 위로 포개어졌다. 가슴이 찌르르 했다.

　"약을 먹었더니 이래 됐네요. 얼굴도 까매지고…."
　그녀가 탁자 아래로 장갑 벗은 한 손을 내렸다.

　나는 뭐라고 했던가. 무슨 말인지 더듬었던 것 같다. 그녀는 내가 더듬거리던 순간에도, 그림을 찬찬히 들여다보고 있었다. 나는 그러는 그녀의 얼굴을, 까매졌다는 그녀의 얼굴을 힐끔힐끔 쳐다보았다.

　그때 그녀와 나 사이에 징검다리처럼 놓여 있던『우리 서로 사랑할 때에』그림책을 다시 꺼내 들여다본다. 표지 그림 속 아이에게서 소리가 들린다. "엄마, 저기 좀 보세요!" 그림 속 엄마처럼 고개를 들어 하늘을 바라본다. 새들이 날아오른다. 지난날, 새집에 나란히 앉아 어미한테 먹이를 달라고 입을 쩍쩍쩍쩍 벌리고 있던 아기 새들이 훌쩍 자라 둥지를 벗어나 날아오르고 있다. 푸르던 잎들은 붉게 물들어 바닥에 떨어진다. 그 사이, 한복판에 엄마와 아이가 있다. 곁에는 푸르른 옥수숫대와 누렇게 말라가는 옥수숫대가 나란히 서 있다. 저만치 땅이 끝나는 자리, 하늘과 맞닿은 그 곳은 둥그스름하게 돌아나가고, 이 책의 지은이들 이름이 지평선 오른쪽으로 박혀 있다.

나는 지은이들 이름을 따라 미끄러지듯 지평선 끝나는 지점을 붙들고 책장을 넘긴다. 주홍빛의 붉은 면지가 제목 화면 왼쪽 귀퉁이의 해와 연결되는 것만 같다. 해는 오른쪽 귀퉁이의 달과 마주보고 있다.

작가 쥬드 데일리는 반원 모양의 펼침 장면으로 이야기를 시작한다. "세상 모든 일에는 '시작하는 때'와 '마무리 하는 때'가 있습니다." 이렇게 시작하는 단 한 문장을 마치 피자 조각처럼 나누어 놓은 4개의 부채꼴 안에 봄, 여름, 가을, 겨울 사계와 더불어 두 가족의 서사를 함축적으로 그려 넣어 깊이를 더한다. 새, 닭, 소, 옥수수, 집의 변화, 그리고 생生과 사死… 모든 것이 '시작'과 '마무리',

그 동그란 순환과 닿아 있다.

한 장 더 넘기면 마치 첫 장면의 그림을 줌Zoom으로 당긴 듯, 부분이 전체로 확대되어 있다. 글은 '때'에 대해 이야기한다. '때'는 '시간의 어떤 순간이나 부분'이지만 서로 다른 '때'는 사실 이어져 있다. 어떻게 이어져 있는지 그림은 풍성한 이야기로 그것을 보여준다.

배 속에서 아기가 태어나고 자라난다. 주인이 하늘나라로 떠나고 못 박혔던 낡은 이웃집 문은 새 가족을 맞아 새 단장을 한다. 새로운 이웃, 새로운 시간들, 더불어 살아가면서 마주하는 여러 가지 소소한 일들… 돌고 돌아 이웃 가족에게도 새로운 생명이 태어나면서 모두가 둘러앉은 자리, 그 순간 그림책은 처음에 '시작'한 글로 다시 '마무리'한다.

문득, 알 것 같다. 그때, 그녀가 그림 속에서 발견했던 것들, 확인했던 것들을. 암과 싸우는 일을 '시작'한 그녀는 '마무리'할 때를 바라며 기다리는 중일 것이다. 지구가 돌고 돌아, 시간이 돌고 돌아, '가족이 한자리에 모여 서로 사랑할 때'가 오기를 간절히 기다리는 중일 것이다.

나도 간절히 기다리던 적이 있다. 수술실 앞에서. 넉넉잡아 다섯 시간이면 충분하다는 수술이 여섯 시간을 넘겼을 때, 수술실 문을 뚫어져라 쳐다보며 8개월 된 아가가 무사히 수술실을 나오기를 기다리고 기다린 적이 있다. 몇 번이나 마른 침을 삼켰는지 모른다. 일 분이 한 시간처럼, 한 시간이 일 년처럼, 아니 수십 년처럼 느껴졌다.

아가는 수술실에서 나오자마자 중환자실로 들어가야 했다. 출혈이 심했다고 했다. 가슴 한가운데 심장이 나왔다 들어간 자리가 'ㅣ' 자 모양으로 피를 머금은 채 또렷했다. 아가는 열이 있어 기저귀만 찬 채 발가벗고 있어야 했다. 엄마라고 옆에 서서 차가운 손과 발을 어루만지는 것밖에는 아무 것도 해 줄 수 없었던 그 순간에는 그것이 삶의 부분이 아닌 전체로 여겨졌다. 지나가는 '한때'가 아닌 영원처럼 느껴졌다.

그러나 시간은 흐르고 상처는 아물고 아가는 자라났다. 엎드릴 수 없어서 기어 다닐 수 없던 때도 있었지만 아가는 곧 서고 걷기 시작해 어느덧 어린이가 되었다. 다른 아이들과 달리 장화 모양의 심장을 가졌지만 잘 먹고 잘 놀고 잘 잔다. 판막에 아주 작은 틈이 있을 뿐, 아직까지는 모든 것이 여느 아이와 별다를 바 없다. 의사는 훗날 판막의 아주 작은 틈이 커지면 위험하다고, 그때는 다시 가슴을 열어야 할지도 모른단다. 하지만 그때가 언제가 될지는 아직 알 수 없다고 했다. 지켜볼 수밖에 없단다. 미리 할 수 있는 일도 없다 한다. 일 년에 한 번씩 병원 가는 날이 되면 아이의 얼굴을 빤히 들여다보게 된다. 마주잡은 손에 힘이 들어간다. 놓치지 않고 오랫동안 잡고 싶어진다. 하루가 짧고, 순간순간이 참 소중하다.

언제나 '날마다 멋진 하루'를 꿈꾸지만 부모가 되고부터 특히, 아이에게 다가오는 '수많은 날들'이 날마다 멋진 시간이면 좋겠다, 바라게 된다. 그래서인지 『수많은 날들』과 『날마다 멋진 하루』 그림책은 제목만으로도 들춰 보고 싶은 마음이 들었다.

『수많은 날들』은 앨리슨 맥기가 글을 썼다. 앨리슨 맥기는 이전에도 아이 앞에 펼쳐질 수많은 날들에 대해 이야기한 적이 있다. 『언젠가 너도』와 『너를 보면』 그림책이 그것인데 두 작품에서 엄마 아빠의 목소리로, 아이를 바라보며, 돌아보고 내다보며, 부모의 마음 헤아리며 글을 이끌었던 작가는 이번에는 아이의 마음으로 질문을 던진다. 아이 마음에 바싹 다가가 그 가까운 자리에서 부모의 마음을 속삭인다. 마치 씨앗을 품은 보드라운 흙처럼 사랑을 전한다. 따듯한 격려를, 뜨거운 응원을 보낸다.

간결하지만 생동감 넘치는 유태은의 그림은 아이의 마음에 끊임없이 말을 건다. 글에 묶이지 않는 자유로운 상상으로 또 다른 이야기를 펼쳐낸다. 나뭇잎, 새, 배, 연, 하늘 계단, 구름, 바다, 고래…. 그림 속 주인공 아이의 모험은 거침이 없다. 두 팔 활짝 벌린 채 고래 등에 앉아 있는 아이를 보여 주며 그림책이 건네는 마지막 한 문장. "너는 네가 알고 있는 것보다 훨씬 더 사랑 받는 사람이란다." 어쩌면 모든 부모가 아이에게 고백하고 싶은 말이 아닐까. 한때는 아이였을 부모 자신이 깊이 품어야 할 말일지도 모른다.

황금빛 닮은 노란색 바탕에 사내아이가 닭과 눈을 맞추고 나무에 매달려 있는 『날마다 멋진 하루』 그림책은 종이 오리기 기법으로 표현한 작품이다. 날카로운 칼끝으로 도려낸 그림이라니, 수많은 곡선들을 어쩌면 이토록 아름답게 만들어 냈는지 놀라울 따름이다. 멋진 그림과 함께 엮인 글은 『그리운 메이 아줌마』의 작가이기도 한 신시아 라일런트가 썼다. '하루'에 대한 웅숭깊은 글. '우리가 살아갈 하루'도, '우리가 간직할 하루'도, '언제나 오늘'이란다. 짧고 쉽지만 가볍지 않다. '오늘은 곧 지나가고 다시는 못 돌아'온단다.

"다시는 못 돌아와요." 짧은 세 마디 글의 깊이를 가늠할 수 없어 한참을 머무르게 된다. 세월호가 떠오른다. 코끝이 맵다. 그림 작가 니키 매클루어는 모든 그림을 종이 오리기 기법으로 표현해 냈다. 종이를 오려 본 사람이라면 알겠지만 종이 오리기로 이렇게 표현하려면 그림의 모든 선이 어디든 닿아 있어야 한다. 닿아 있지 않은 선은 붙어 있지 않아 오려 놓고 잃어버리거나 자리가 흐트러지기 쉽다. 맞닿아 어떻게든 서로 연결되어 있는 그림이다. 그런 그림과 마음이 담긴 글의 만남, 어우러짐이 멋지다.

다시 오지 않기에 소중한 하루, '우리 스스로 가득 채워'야 할 하루, '우리를 기다리고 있'는 '멋진 하루', 새삼 내가 머물고 있는 '하루'가 빛처럼 환하게 다가온다. 자연스럽게 마음이, 마지막 문장으로 흘러든다. "여러분은 오늘, 무엇을 할 건가요?"

그림책의 끝은 물음표, 독자에게 던지는 '물음'이다. 좋은 그림책은 여행이 끝난 뒤 일상으로 '나'를 데려다주며 묻는다. '나'를 돌아보게 한다. '나'의 이야기를 생각하게 만든다. 일상으로 돌아온 '나'에게 때로 마주하고 싶지 않은 현실을 맞닥뜨린 '나'에게 다시 살아갈 힘을 안겨 준다. 좋은 그림책은 힘이 세다. 그림책이 마음을 부르는 지금 이 순간, 가만히 나의 마음을 적어 본다.

오늘, 글을 써요. 그녀에게 다정한 안부를 묻고 사랑을 전하는 편지를 써요. 사랑하는 아이에게 그림책 읽어 주며 꼭 안아 줘요. 사랑을 속삭이며 두 뺨에 뽀뽀해요. 만나고 있는 아이 어른 모두와 따듯한 마음을 나눠요. 무엇보다 지금 쓰고 있는, 이 글을 마무리 해요. 그림책 이야기 널리 나누고픈 마음을 전해요….

어쩌면 어떻게든 닿아 있을지도 모르는 당신, 다시 밝게 떠오른 아침 해를 맞은 당신, 새로운 새날, 이 글을 읽고 있는 반가운 당신에게 『날마다 멋진 하루』의 마지막 질문을 빌려 수줍게 묻고 싶다.

"당신은 오늘, 무엇을 할 건가요?"

꼭 이루어져라, 뽕!

> 내 안의 어린 '나'가 어른인 나에게
> 작은 목소리로 우물거린다.
> 나는 나를 향해 두 팔 벌린다.
> 가슴이 뜨거워진다. 나를 꼭 끌어안는다.

『웃음은 힘이 세다』 허은미 글, 윤미숙 그림 | 한울림어린이 | 2015년
『세상에서 가장 소중한 너에게』 에이미 크루즈 로젠탈 글, 탐 리히텐헬드 그림, 이승숙 옮김
　　　　　　　　　　　　다림 | 2015년
『내일은 꼭 이루어져라』 오노데라 에츠코 글, 구로이 켄 그림, 김소연 옮김 | 천개의바람 | 2015년

⋯

새날이 밝았다.

밝긴 뭐가 밝아, 어제랑 똑같네. 마음 속 심술이가 심통을 부린다. 아니야, 오늘은 새로운 날이야. 새로운 시간이 우리를 기다리고 있어! 기쁨이가 들뜬 목소리로 심술이의 손을 잡는다. 새로울 것 하나 없네, 흥칫뽕! 심술이는 손을 탁 뿌리치고, 고개를 돌려 버린다. 시무룩해지려는 마음을 기쁨이가 다시 일으켜 세운다. 아냐, 달라. 달라질 거야. 자자, 이것 좀 봐. 기쁨이는 그림책『웃음은 힘이 세다』를 내민다. 빨강 머리 여자아이가 활짝 웃고 있는 표지 그림을 보여 준다. 힐끔 보는 것 같더니, 이게 뭐? 돌아앉는 심술이. "넌 왜 안 웃는 거야?" 일부러 큰 소리로 그림책 글을 읽어 주기 시작한다. "나? 웃고 싶지 않으니까." 심술이 뒤통수가 움찔, 한다. "왜 웃고 싶지 않은데?" 심술이 마음 놓칠세라 재빠르게 말한다. "몰라, 그냥 기분이 안 좋아. 괜히 심술이 나고, 자꾸 짜증이 나."

돌아앉은 심술이가 슬며시 고개를 돌려 그림책을 본다. 빨강 머리 여자아이의 입술이 굳게 다물어진 채 삐죽, 위로 올라가 있다. 딱 심술이 모습이다. 못 본 척 내리 읽는다. "우리 마음속에는 일곱 마리 초록 괴물이 살고 있대. 어떤 괴물들인지 볼까? 괜시리 짜증 괴물, 안달복달 걱정괴물, 콩닥콩닥 불안괴물, 하지말걸 후회괴물, 모두 다 귀찮아괴물, 덕지덕지 미움괴물, 올통볼통 심통괴물….”

  숨도 안 쉬고 빠르게 읽은 다음 나는 책을 흔들며, 뿅! 뿅! 뿅! 소리쳤다. 웃음의 뿅망치로 짜증괴물, 걱정괴물, 불안괴물 들을 모두 날려 버리라고 나와 있기 때문이다. 마치 책이 뿅망치라도 되는 양 위아래로 흔들어 대며 뿅! 뿅! 뿅! 외쳤더니 심술이가 어이없다는 듯 피식, 웃는다. 나는 다음을 힘주어 읽는다. “큰 소리로 웃어 봐! 한바탕 웃고 나면 기분이 좋아져.”

  웃을락 말락 한 심술이. 그림책 속 글을 주워 삼켜 내 말처럼 내뱉는다. 뭐? 그래도 웃음이 안 나온다고? 그럼 할 수 없지. 나도 그림책 속 빨강 머리 여자아이의 친구들처럼 심술이를 ‘간질간질 간질간질’ 간지럼 태운다. 하지 마, 하지 말라니까! 그러면서도 마지못해 웃음을 터트리는 심술이. 우하하하, 그만해! 순간, 그림책의 마지막 글들이 내 마음에 떠오른다. “그래, 그렇게 웃는 거야. 온 세상이 너를 따라 웃을 때까지. 웃음은 힘이 세!”

  활짝 웃는 빨강 머리 여자아이를 뚫어져라 바라보니 촘촘히 박힌 바느질 자국이 눈에 들어온다. 뾰족한 바늘이 뚫고 지나간 숱한 점들이, 아주 작은 구멍이 눈에 보인다. 한 땀 한 땀 색실로 천과 천을 잇고, 선과 면을 만들어 구성한 개성 가득한 그림이다. '아주 힘든 상황 속에서 하얀 이를 다 드러내고 환하게 웃는 얼굴'이 박힌 사진 한 장을 보고, '처음으로 웃음이 눈물보다 강하다는 생각을 했'다는 그림 작가의 마음이 오롯이 담겨서인지 그림 역시 힘이 세다. 빨강 머리 여자아이의 웃는 얼굴에 홀려 이 책을 사고, 한 달 내내 몇 번이나 들춰봤으니 말이다.

'일곱 마리 초록 괴물'이 들썩들썩, 마음을 어지럽혀 자꾸만 울고 싶어질 때마다 빨강 머리 여자아이를 찾았다. 신기하게도 빨강 머리 여자아이랑 눈이 마주치면 나도 모르게 입꼬리가 올라갔다. 미소가 떠오르고, 마음이 평화로워졌다.

나는 별반 달라지지 않은 것 같은데 내 품에 있던 '식빵 두 덩이'만한 아기는 어느덧 가슴께까지 자란 어린이가 되었다. 이제는 번쩍 안아 들어올리기가 힘에 부치는 아이에게서 새삼 시간의 놀라운 힘을 깨닫는다. 문득, 열 살 된 아이가 권태응어린이시인학교에 다녀와 보여 준 시가 떠오른다.

산책하다 민들레 씨앗을 보았다.

민들레 씨앗이 "날려 줘, 날려 줘"

소리를 질러 날려 주었다.

나는 생각했다.

저 씨앗이 날아가 땅에 떨어져서

다시 민들레 씨앗 되면

다시 내가 날려 줄 거라고

* 원래 '홀씨'로 쓴 부분을, 맞는 말이 아니어서 '씨앗'으로 다듬음

언제 이렇게 자란 걸까. 『세상에서 가장 소중한 너에게』 그림책 마주하며 표지 속 주인공 아이에게서 큰아이의 모습을 본다. 아이 뺨을 어루만지듯 책 표지에 손을 갖다 댄다. 손끝에 민들레 씨앗이 만져진다. 하얗게 빛나는 씨앗이 반짝이는 투명 비닐 옷을 덧입고 날아가고 있다. 표지 속 주인공 머리 위로 바람 타고 날아가는 민들레 씨앗들이 푸른 하늘 수놓은 별빛 같다. 그림과 짝을 이루어 펼쳐지는 글은, 서로서로 연결되어 이어진다.

세상에! '힘차게 뛰어놀면 좋겠'다는 마음이며, 받기보다는 더불어 나누고, '두려움에 가라앉기보다' 있는 힘껏 '씩씩하게' 나아가

면 좋겠다는 바람까지 내 마음과 다르지 않다. 어느 날 갑자기 부모가 되어, 훌쩍 자라 버린 아이를 지켜보며 남몰래 가졌던 마음들이 여기, 그림책 속에 들어와 있다. 바다 건너 사는 낯모르는 작가의 글이 내 마음 자락과 닿아 있다는 사실이 반갑고 신기하다. 부모의 마음은 여기나 거기나 다르지 않구나, 느끼며 나지막하게 도드라져 보이는 글들을 소리 내 본다. "난 네가… 잠깐이라도 여유를 즐기고… 비가 쏟아져도 꿋꿋하게 이겨 내며… 느-릿-느-릿… 즐기면 좋겠어."

아… 여긴 내가 나에게 하는 말 같다. 잠시 머물러 숨을 고른다. 내 안의 어린아이가 움찔, 꿈틀한다. 나도 세상에서 가장 소중한 너, 라는 말을 듣고 싶어요. 내 안의 어린 '나'가 어른인 나에게 작은 목소리로 우물거린다. 나는 나를 향해 두 팔 벌린다. 가슴이 뜨거워진다. 나를 꼭 끌어안는다. 그럼, 너는 소중하단다. 세상에서 하나뿐인 너, 내가 참 많이 사랑하는 너, 세상에서 가장 소중한 너….

손이 저절로 『내일은 꼭 이루어져라』 그림책에 닿는다. 귀여운 밀짚모자를 쓴 아기염소가 문을 열고 나와 오른쪽을 바라보고 있다. 나도 덩달아 아기염소처럼 오른쪽을 쳐다보며 표지를 넘긴다.

무슨 일이 생길 것만 같다. 아니나 다를까. 아기염소가 거미줄에 걸려 있는 씨 하나를 발견한다. 처음 보는 씨를 가져가 밭 한 구석에 심고 노래를 부르는 아기염소. 설레는 마음 가득하다. 씨에서 싹이 나고 잎이 나고 꽃이 피어나지만 기대와 달리 작고 보잘 것 없다. 그러나 아기염소는 실망할 줄 모른다. 포기를 모른다. 언제나 그 다음을 꿈꾸며 '내일은 꼭 이루어져라' 노래를 부른다.

옆집 염소 아저씨는 씨가 싹을 틔우고 자라는 동안 아기염소에게 나무의 쓸모를 일러 준다. 아기염소가 시들고 열매도 전부 떨어져 버린 나무를 힘껏 뽑았을 때 염소 아저씨는 뿌리조차 쓸모없겠다며 아기염소를 안쓰럽게 여긴다. 하지만 아기염소는 '쓸모'를 따지는 어른, 염소 아저씨와 달리 마른 나무를 창문 위에 매달며 노래를 멈추지 않는다. 그리고 이어지는 놀라운 이야기!

'차가운 바람을 쐬고 밤이슬을 맞으며, 새하얗고 투명하게 변'한 마른 나무를 '빨간 실과 깨끗한 철사로 돌돌 감아 대나무 막대기에다 단단히 묶어서 빗자루 한 자루'로 만든 아기염소는 "음, 어쩌면 이건⋯." 하며 두근두근 뛰는 가슴으로 "아아, 정말로 어쩌면⋯" 하더니 빗자루에 올라탄다. '한 번, 두 번, 세 번, 숨을 쉬고 나서 아기염소는 소리'친다.

"빗자루야, 빗자루야, 지금 꼭 이루어져라."

 이럴 수가, 정말 이루어졌다! 빗자루가 가볍게 떠오르더니 창문 밖으로 날아가는 것이 아닌가. 아기염소는 기쁜 목소리로 외친다. "그랬구나! 이건 하늘을 나는 빗자루 나무였어!" 노란 테두리 그림 속 아기염소의 방을 가득 채운 노란색과 아기염소 목에 두른 손수건의 노란색이 서로 더해지고 어우러져 마법 같은 순간을 환하게 보여 준다. 빗자루는 노란 달과 별이 빛나는 하늘로 솟아오르고 아기염소는 하하하 웃으며 주문을 외듯 말한다. "빗자루야, 빗자루야, 마법의 빗자루야. 지금 당장 염소 아저씨네 집으로 가자." 마지막 장면은 아기염소가 빗자루 나무를 한 손에 껴안고 쌔근쌔근 잠든 모습이다. 참 따듯하고 행복하다.

 오래 전, 익숙한 곳을 벗어나 낯선 곳으로 떠나올 때 가슴에 품은, 남다른 꿈씨가 있었다. 아기염소처럼 내일은 꼭 이루어지길 바라며 꿈씨를 심고 기대하던 날들이 있었다. 십 년 넘게 지나오는 동안 혹 염소 아저씨처럼 '쓸모'를 따지는 어른으로 변해 버린 건 아닌지 새삼 자신을 돌아본다. 뜻대로 흘러가지 않는 시간에 실망하며 나도 모르게 포기해 버린 것들이 늘어난 건 아닌지 헤아려 본다. 다시 노래하고 싶다, 아기염소처럼. 그리하여 환하게 빛나는 마법 같은 시간을 마주하고 싶다.

 자신을 믿고 기다리며 바라는 것들을 꼭 이루어 내는 내일이 된다면 좋겠다. 저마다 이루어 내는 새로운 시간이 모여 달라진 새날이 된다면 좋겠다. 활짝 웃을 수 있는 새로운 나날이 된다면 정말 좋겠다.

 그래, 주문을 외자. 웃으면서 주문을 외자. 웃음은 힘이 세니까. 세상에서 소중한 너에게, 그리고 나에게 힘이 될 주문을 외자.

 수리수리 마하수리…
 내일은 꼭 이루어져라, 뿅!

창문을 활짝 열며

> ❝ '창문'은 닫혀 있으면 투명한 벽과 다름없다.
> 창문 너머 세상을 볼 수는 있지만 닿을 수는 없다.
> 하지만 창문을 '열면' 달라진다.
> 안과 밖이 만나고 서로 통한다. ❞

『아침에 창문을 열면』 아라이 료지 그림·글, 김난주 옮김 | 시공주니어 | 2013년
『한밤의 선물』 홍순미 글·그림 | 봄봄 | 2015년

정말 우연이었다, 아라이 료지 그림책을 다시 만난 건. 오랜만에 이웃 동네 도서관 어린이 실에 들렀다가 신간 책꽂이 앞에서 서성거리고 있을 때였다. 책등의 은은한 연분홍빛 때문이었을까. 여러 책들이 서로 딱 붙어 등만 보인 채 꽂혀 있는데 '아침에 창문을 열면'이라고 적힌 정갈한 제목 글자가 눈길을 사로잡았다. 그 아래 더 작은 글씨, '아라이 료지'를 보자마자 나는 손을 뻗었다. 책이 자석처럼 손끝에 착, 달라붙었다. 반가운 마음으로 마주한 앞표지. 그런데 표지 그림을 보는 내 마음이 수수께끼 같다.

　여러 번 덧댄 붓질이 생생하게 다가오는, 어찌 보면 투박하고 거칠게 느껴지는 무수한 선과 다양한 색들… 그 가운데 놓인 꽃들의 모습이 싱그럽다. 세밀하고 정밀한 모습은 아니지만 활짝 피어나 살아 있구나, 싶다. 가만 보면 꽃들 뒤로 창문이, 창틀이, 그 너머의 햇살이, 화분에 맞닿은 눈부신 햇살이 보인다. 붕붕 날아다니는 벌 한 마리의 날갯짓까지…. 풍경이 평온하고 아름답다. 그런데 뭔가 묘하다.

　이 그림, 내가 알던 아라이 료지가 그린 게 맞나? 표지를 한참 들여다보던 나는 책을 뒤적여 작가 이야기를 찾았다. 맞다. 딸아이가 좋아했던 『수수께끼 여행』의 그림을 그린 이, 몇 해 전 서평을 썼던 『스스와 네루네루』의 지은이 아라이 료지. 그런데 이제까지 보아 온 '천진난만'한 그림과 다르다. 새롭고 낯설다. 그 때문인지 '아침' '창문' '열면' 같은 아주 익숙한 단어들이 이어진 제목도 특별하게 다가온다.

표지를 넘기면 밝고 엷은 하늘빛 면지가 나타난다. 창문을 열고 올려다본 하늘처럼 탁 트인 면지와 뒤이어 나오는 말끔한 제목 화면. 바로 뒷장에 커튼이 있다. 바람이 '살랑살랑' 커튼을 흔드는 그림 위로 다시 마주하는 제목, 아침에 창문을 열면. '문'과 '을' 사이 보이는 틈, 거기 손을 넣어 커튼을 열어젖히면 햇살 일렁이는 창문 너머가 훤히 내다보일 것 같다. 아니나 다를까. 책장을 넘기자마자 푸르른 산이 펼쳐진다. 산자락 아래 집에서 창문을 활짝 열어젖힌 아이가 보인다. 다음 장에는 산과 나무가 있는 마을이 내려다보이고, 아이의 목소리가 이어진다. 어제와 다름없이 오늘도 그 자리에 그대로 있는 '산'과 '나무'를 이야기하며 '그래서 이곳이 좋다'고 한다.

책장을 넘기니, 이번엔 도시다. 아파트 같은 도시 건물 맨 꼭대기, 한 여자아이가 커튼을 열어젖히고 있다. 북적거리는 거리를 내다보며 서둘러 길을 걷는 사람들을 이야기한다. 앞서 만난 남자아이처럼 이곳이 좋다고 한다.

반복되는 문장 따라 책장을 넘기면 서로 다른 곳에서 서로 다른 이유로 나는 이곳이 좋다고 말하는 아이 목소리가 서로 다른 풍경 위로 포개진다. 신기하다. 분명 다른 내용인데 다르지 않은 이야기로 들린다. 이야기가 한결같다. 반복되는 리듬에 변화를 주기 위해, 그쪽 마을은 날씨가 맑게 개었는지 묻는 문장도 있다.

아이 목소리를 따라 가만히 읊조리던 나는 뭔가 움찔, 하는 것을 느꼈다. 마음 한구석이 시리다. 무슨 까닭일까? 마지막 장면을 지나 다다른, 이 책을 어린이와 함께 읽는 분을 위한 안내. 눈에 확 들어오는 부분이 있다. 작가 아라이 료지는 이 그림책을 2010년 가을에 기획해서 스케치를 하던 중, 2011년 일본 대지진이 일어나면서 작업을 잠시 중단했다고 한다. 그때 피해 지역인 동북 지방의 해안 마을을 다니며 라이브 페인팅 워크숍을 진행하면서 상처 받은 사람들의 마음을 위로하고 보듬는 시간을 가졌다는 것이다. 그러면서 이 그림책의 밑그림을 그리는 과정을 반복했고, 고민하던 끝에 좋은 풍경 그림만을 모아 책 한 권으로 내게 되었다고 한다.

대지진이 난 동북 지방의 모습은 어떠했을까. 순간, 짤막한 단어들과 함께 가슴 아픈 장면들이 떠오른다. 대지진, 쓰나미, 원전 방사능, 엄청난 피해… 그 뒤에 꼬리를 물고 이어지는 반대말들. 저곳—이곳, 죽음—살아 있음, 한밤—아침, 창문 안—밖, 열면—닫으면… 그림책을 다시 펼쳐 본다. 짤막한 단어들의 뜻이 깊다.

'아침'은 어둠의 밤을 보내고 맞는 또 다른 시간이다. 밝은 시간이다. 고통과 시련의 암담한 시간을 지나 맞이하는, 새롭게 시작하는 시간이다. '창문'은 닫혀 있으면 투명한 벽과 다름없다. 창문 너머 세상을 볼 수는 있지만 닿을 수는 없다. 하지만 창문을 '열면' 달라진다. 안과 밖이 만나고 서로 통한다. 벽 같던 창문이 통로가 된다. 서로에게 가닿는 길이 된다. 창문을 활짝 열면, 막혔던 공간이 뚫리면서 보이지 않았던 것들이 보인다. 새롭게 보인다. 반복되는 일상이 소중하게, 어제와 다름없이 오늘도 우리를 품어 주는 자연이 아름답게 보인다. '이곳'에 살아 있음이 감사하다. 살아서 이곳이 좋아요,라고 말하는 아이들의 목소리가 감사하다.

아이들에게 이 세상은 그런 곳이어야 하지 않을까. 그림책 속 아이들처럼 저마다의 이유로 그래서 나는 이곳이 좋아요,라고 말할 수 있는 그런 곳…. 왜 마음 끝자락이 젖어 오는 것일까. 유치원에 자리한 별별도서관에서 이 책을 두고 유치원 졸업생 몇 명과 엄마들이 모인 자리에서 나눈 이야기가 생각난다.

"우리 아이들도 '이곳이 좋아요.'라고 말할 수 있다면 좋겠어요. 이유가 무엇이든 지금 살아가는 이 순간, 자기가 머물러 있는 이 공간을 '좋다' '즐겁다' '행복하다' 여긴다면 참 좋겠어요."

아이들과 더불어 세월호 '기억의 벽' 타일 그림 그리기를 했던 특별한 순간도 떠오른다. 이제야 까닭을 알 것 같다. 나는 2014년 4월 16일을 떠올리고 있었던 거였다. '세월호'를 생각하고 있었던 거였다. 기다리다-탈출하다, 가라앉다-뜨다, 실종-구조, 유가족-대통령, 진실-거짓, 기억하라-그만하라… 일본 대지진은 자연재해, 인간의 힘으로 막을 수 없는 천재天災였지만 세월호 사건은 인재人災였다. 배와 함께 가라앉은 목숨들을 단 한 명도 살려내지 못하고 잃어버린 비통하고 참담한 인재였다. 안산 분향소에서 영정사진으로 마주한 아이들 얼굴이 떠오른다. 미안하다. 너무나도 미안하다.

그래서였을까. 『한밤의 선물』 그림책이 신비롭게, 젖은 마음을 파고들었다. 까만 바탕에 똑 똑 떨어지는 흰 눈물방울 가득한 면지부터가 그랬다. 아니, 한지의 결이 한 올 한 올 살아 있는 표지 그림부터 심상치 않았다. 이야기도 마찬가지. 빛과 어둠이 낳았다는 다섯 아이들은 이름도 별나다. 새벽, 아침, 한낮, 저녁, 한밤. 그 다섯이 다섯 색깔의 토끼 모습인 것도 신기하다. 다섯 아이들 가운데 마음을 빼앗긴 건 '한밤'이었다.

'한밤'의 얼굴을 마주하는데 차디찬 바다 속에 가라앉은 세월호가 생각나는 거였다. 가라앉은 배 안에서 깜깜한 어둠과 맞닥뜨렸을 아이들이 생각나는 거였다. 바다 위로 끌어올리지 못해 어둠에 휩쓸려 버린 아이들이 떠오르는 거였다.

그러나 그림책 속 '한밤'은 혼자가 아니었다. 새벽이 다가와 '푸르른 고요함'을 주고, 아침이 달려와 '시원한 바람'을 준다. 한밤의 슬픔이 사라지도록, 기분이 좋아지도록 만들어 준다. 이어서 한낮은 환하게 빛나는 노란 나비를 보여 주며 '밝은 빛'을 한 덩이 선물하고, 저녁은 '알록달록 꿈'을 준다며 한지로 빚어낸 아름다운 색을 만나게 해 준다. 그러자 한밤도 눈을 반짝이며 "고마워! 나도 줄게 있어." 하고 선물을 내놓는다. 그건 바로, 자신의 일부분을 나눈 그림자! 이제 홀로 남은 한밤은 하나도 외롭지 않다. "푸르른 고요함 속에 살랑살랑 기분 좋은 바람과 반짝이는 별빛 아래서 한밤은 잠이" 든다. 뒤면지에는 별이 가득하다.

우리 아이들이 '한밤'처럼 외롭지 않으면 좋겠다. 하늘의 별이 되었을 우리 아이들이 지금, 이곳에서 우리가 보내는 여러 마음들로 외롭지 않게 지내면 좋겠다. 사람들이 저마다 어느 시간을 살고 있는지 알 수 없지만 새벽, 아침, 한낮, 저녁처럼 자신이 한밤에게 내어 줄 수 있는 마음들을 조금씩 내놓으며 서로 마음 보태고 더불어 살아가면 좋겠다. 정말이지 세월호 사건은 우리 사회의 '그림자'를 돌아보게 했다. 우리 곁에 늘 있었지만 모른 척 지내왔던 그림자에 대해 깊이 생각해 보게 했다. 두고두고 마주하고 살펴봐야 할 우리 삶의 그림자 역시 기억해야겠다. 잊지 말아야겠다.

다시 『아침에 창문을 열면』 그림책을 열어 본다. 뒷부분을 펼쳐 본다. "그쪽 마을은 날씨가 맑게 개었나요?" 나도 모르게 고개를 젓는다. "아니, 아직. 아직은 완전히 맑게 갠 날 아니야. 흐린 날들이 있어. 하지만 맑고 투명한 날을 꿈꿔. 그 날이 오길 바라고 바라며 마음 보태고 있어."

"아침이 밝았어요." 아이의 목소리는 슬픔에 물들지 않고 씩씩하다. 맞다. 한차례 어두운 밤이 지나면 또 다시, 아침이 밝아 온다. "창문을 활짝 열어요." 아이의 목소리가 힘차다. 그래, 다시 시작이다. 지금, 우리 곁에 있는 사랑하는 아이들이 '이곳이 좋아요.' 할 수 있도록 어른들인 우리가 해야 할 몫을 조금씩 해 나가는 거다. 여럿이 더불어, 나아갈 길을 헤쳐 가는 거다. '한밤'을 잊지 말고 '그림자' 기억하며, 마음을 내는 거다.

새날, 창문을 열며 시린 가슴 활짝 펴고 새 숨 불어넣는다.

약속해 줄래요?

> 아이의 두 손, 꼭 잡아 주세요.
> 따듯한 마음으로 아이를 꼭 안아 주세요.
> 아무 말 없이 들어 주세요. 토닥여 주세요.
> 사랑한다고 말해 주세요….

『나 때문에』 박현주 글·그림 | 이야기꽃 | 2014년
『절대 보지 마세요! 절대 듣지 마세요!』 변선진 그림과 글 | 바람의아이들 | 2011년
『엄마의 선물』 김윤정 지음 | 상수리 | 2016년

⋯

새봄을 맞을 때마다 여러 결의 마음을 만난다. 어떤 마음과 마주하더라도 일단은 끌어안기, 보듬어 안기를 거듭 다짐하지만 그게 참 쉽지 않다. 사나운 마음이 발톱을 세우고 덮칠 때나 눈물 젖은 축축한 마음이 외마디 소리와 함께 터질 때면 고삐 풀린 망아지처럼 내 마음도 달아나려 든다. 단단하게 붙들어 둔 정갈한 마음이 흩어져 버리거나 숨어 버릴 때도 있다. 그래도 어떻게든 마음 추스르려 애쓴다. 우리는 날마다 아이들 마주하는 어른이니까. 아이들을 마음으로 품어 스스로 자라나게 돕는 이들이니까.

아이들 마음 잘 헤아리려면 어른인 '나의 마음'부터 살펴야겠구나, 싶어 시작한 마음공부. 이번에도 멀리서 마음 치유 전문가 줄리Julie Tan가 와 주었다. "자, 지금 나눠 드린 종이에 편지를 써 볼 거예요. 엄마 아빠에게 편지를 쓸 건데요, 안부 편지가 아니라 지금 떠오르는 대로, 엄마 아빠한테 못다 한 말, 하고픈 말 적는 겁니다. 그리고 이게 중요한데요, 내가 '나의 엄마 아빠'가 되어 그 편지에 답장을 써 주세요."

봄비 부슬거리는 아침, 줄리와 나란히 앉은 통역가의 말소리가 별별도서관에 또랑또랑하게 울려 퍼졌다. '나 사랑법Learning to love yourself'을 배우고 익히기 위해 모인 자리. 말레이시아에서 서울을 거쳐 구미까지 온 줄리의 마음과 두근두근 떨리는 엄마들의 마음이 만났다. 종이에 볼펜 닿는 소리와 숨소리만 가득하던 자리에 난데없이 훌쩍이는 소리가 고이기 시작했다. 여기저기서 새어 나오는 조용한 울음소리….

"엄마 아빠한테 편지 쓸 때 섭섭하고 속상한 마음이었는데 엄마 아빠 입장이 되어 답장을 쓰다 보니… 엄마 아빠도 그때 힘들었구나. 나 때문이 아니었구나… 싶은 게…." 떨리는 목소리로 말을 잇던 한 엄마가 끝내 울음을 터뜨렸다. 옆 사람과 짝지어 편지를 소리 내어 읽은 다음, 모두 모여 한마디씩 느낌을 나누던 중이었다.

투명인간처럼 맨 뒤에 앉아 있던 나도 함께 울었다. 코를 팽, 풀고 눈물 훔치면서 갑자기 보고 싶어지는 책이 있었다. "나 때문에 아이들이 울어요."라고 시작하는 그림책, 『나 때문에』. 앞표지 속 고양이 눈동자며, 카메라로 줌인zoom-in 한 듯 끌어당겨 눈동자를 더 크게 그려 넣은 두 쪽짜리 그림이 선하게 떠올랐다. 커다란 고양이 눈동자 속 무채색으로 담긴 오누이의 모습도…. 팔로 눈물을 닦고 있는 오빠와 소리 내어 울고 있는 여동생. 울고 있는 엄마들 모습 위로 오누이의 얼굴이 포개진다. 울음소리가 겹쳐진다.

　책을 한 장 한 장 다시 넘겨본다. 앞에서 뒤로, 뒤에서 앞으로, 찬찬히 들여다본다. 소리가 보인다. 소리가 들린다. 꽃망울 톡 터지는 소리, 와~ 감탄하는 소리, 신바람 나서 사뿐히 달려가는 소리, 들뜬 목소리로 엄마 아빠 부르는 소리, 달그락달그락 엄마 설거지하는 소리, 아빠 코 고는 소리, "엄마 아빠, 이것 좀 보세요!" 외치는 소리, 엄마 아빠 화내며 싸우는 소리, 아빠가 탕탕 식탁 두드리는 소리, 깜짝 놀라 쿵쾅쿵쾅 가슴 뛰는 소리, 쨍그랑 화분 깨지는 소리, 짧은 비명 소리, 씩씩대는 소리, 타박타박 계단 내려가는 소리, 훌쩍훌쩍 으앙~ 우는 소리….

　『나 때문에』는 고양이의 목소리로, 고양이가 주차장으로 쫓겨난 시점부터 시간을 거슬러 올라간다. 까닭을 되짚어가는 새로운 구성의 이 책은 이야기가 생겨난 오누이의 첫 마음을 맨 마지막에 보여 준다. 되감기 하듯 시간을 거슬러, 마지막 문장에서 가슴에 콕, 아이들 마음 들어와 박히는 이야기. '꽃망울이 톡 터졌'고, '꽃이 활짝 피었'어요. 우리는 너무나 신기하고 좋았고, '엄마 아빠도 좋아할 줄 알았'어요. 그래서 보여 주고 싶었어요….

보여 주고 싶었으니까요.

우리가 좋아한 것을,

엄마 아빠도 좋아할 줄 알았거든요.

꽃이 활짝 피었다는 걸.

꽃망울이 톡 터졌다는 걸.

기쁘고 놀라운 순간을 엄마 아빠와 함께 나누고 싶었던, 이토록 밝고 환한 오누이의 마음은 뜻밖의 시간을 맞닥뜨리고 산산조각이 난다. 일이 이리 될 줄 전혀 모른 채 화분을 번쩍 들고 엄마 아빠를 불러댔던 오누이의 마음을 알아차리는 순간, 울고 싶어지는 건 나뿐일까. 나 때문에, 라며 잔뜩 웅크린 고양이를 부둥켜안고, 울고 있는 오누이를 끌어안고, "아니야, 너 때문이 아니야. 진짜 아니야."라고 말해 주고 싶다. 절대 네 잘못이 아니라고….

갑자기 손가락이 책꽂이를 뒤진다. 하늘색 바탕에 긴 제목, 느낌표 두 개 들어간 책… 찾았다! 뽑아 든 책 앞표지 속에 여자아이가 울고 있다. 풀밭에 맨발로 선 채 닭똥 같은 눈물을 뚝뚝 흘리고 있다. 눈길이 풀밭 왼쪽, 뚜껑 열고 바깥으로 나온 가느다란 팔 하나, 손끝에 쥔 확성기에 머무른다. 확성기가 알려 주는 작가 이름, 변선진. 이 책을 처음이자 마지막으로 세상에 내놓고 하늘나라로 떠난 열아홉 살 작가 이름을 가만히 불러 본다. 그리고 바로 옆, 나무 표지판에 쓰인 글자, 제목하고 똑같은 두 문장을 소리 내어 본다.
"절대 보지 마세요! 절대 듣지 마세요!"

우리끼리니까 하는 얘긴데.
어른들은 태어날 때부터 어른이었나 봐.
아무것도 몰라.
정말로 내가 무엇 때문에 우는지 말야!

작가는 '사랑하는 이 세상 모든 엄마 아빠들에게' 말한다. '정말로 무서워하'고, '상상만 해도 가슴속에 눈물이 가득 차는 건 따로 있'다고. 속마음 담긴 글 그림 마주하며 한 장 한 장 책장 넘기는 손길이 느려진다. 그러다 멈칫, '엄마도 아빠도 모두 바빠 텔레비전만 봤던 나의 생일날', '이야기하고, 이야기하고, 이야기해도 아무도 내 말을 믿어 주지 않던 날', '아빠 엄마가 크게 싸우던 밤 온 집에 울려 퍼졌던 아빠의 고함 소리' 장면에 머무르게 된다.

온몸을 웅크린 채 머리를 두 손으로 감싸 쥔 아이의 모습에서 『나 때문에』 그림책 속 고양이를 본다. 울고 있던 오누이를 본다. 애처롭다. 책장을 넘기며 괜히 조마조마한 마음… 아니나 다를까,

기어이 터지고 말았다. '우앙!' 엄청난 울음소리와 폭포수처럼 쏟아지는 눈물.

정말 어른들은 아무것도 몰라!
내 마음은 알지도 못한 채 이렇게 또 초콜릿만 주고 있잖아.

그림책의 마지막 대목은 상징적이다. 깊고 어두운 구렁텅이에서 울고 있는 '나'를 끄집어내는 이는 작고 어린아이. 두 손으로 힘껏 끌어당기고, 나오자마자 꼭 끌어안고, 다른 자리로 데려가 다시 부둥켜안아 준다. 그러는 사이, 그치지 않는 울음으로 벌어져 있던 '나'의 입은 살며시 미소 띤 채 다물어져 있고, 마구 쏟아지던 눈물도 잦아든다. 울고 있는 아이에게 필요한 것은 잠시 그 순간을 달콤함으로 잊게 만드는 '초콜릿'이 아니라 바로 이런 거라고 보여 주는 그림. 간절한 목소리가 배어 나온다. 아이의 두 손, 꼭 잡아 주세요. 따듯한 마음으로 아이를 꼭 안아 주세요. 아무 말 없이 들어 주세요. 토닥여 주세요. 사랑한다고 말해 주세요…. 보이지 않는 소중한 것들을 '꾹꾹 힘주어 이야기하는 그림책', 『절대 보지 마세요! 절대 듣지 마세요!』. 제목이 다시 읽힌다. 꼭 보아 주세요! 꼭꼭 들어 주세요!

마음공부 자리를 마무리하며 줄리가 말했다. "여러분도 한때는 어린아이였지요. 몸은 자라 어른이 되었지만 상처 받은 어린아이는 내 안에 여전히 웅크리고 있어요. 나 자신을 온전히 사랑하려면 내 안의 상처 받은 어린아이를 따듯하게 보살펴야 합니다. 오늘부터 이렇게 해 보세요. 내가 나에게 사랑한다 말하는 겁니다. 거울 앞에 서서, 나와 눈을 맞춘 다음, 소리 내어 말하는 거예요. 자, 따라해 보세요. 나는, 나 자신을, 조건 없이, 사랑해! I love myself unconditionally!" 메아리처럼 울려 퍼지는 목소리들. "나는, 나 자신을, 조건 없이, 사랑해! I love myself unconditionally!"

　줄리는 엄마들이 둘씩 짝을 지어 서로를 마주 본 다음, 상대방의 눈동자에 비친 '나'와 눈을 맞추고 세 번씩 소리 내어 말해 보게 했다. 그것으로도 모자라 줄리는 숙제를 내줬다. 하루에 열다섯 번씩 꾸준히, 자기 자신에게 사랑한다는 말 선물하기. 숙제를 열심히 하면 우리에게 마법 같은 시간이 찾아올 거라고 했다.

　그 때문일까. 마법처럼 『엄마의 선물』 그림책과 만났다. 세상에, 이런 책이 나오다니! 책장을 넘기며 나는 입이 떡 벌어지고 눈이 똥그래졌다. 다양한 손의 모습이 인쇄된 OHP 필름지가 놀라운 효과를 만들어 내고 있었다. 왼쪽과 오른쪽, 이쪽과 저쪽을 넘나들며,

앞뒤로 새로운 의미를 만들어 내는 이야기 방식이라니…. 2015년 볼로냐국제아동도서전 자리에서 세계가 주목할 만했다. 'Message of Hands'라는 또 다른 제목처럼 다양한 손짓에 담긴 사랑의 마음도 깊은 울림을 준다. 이야기는 엄마의 목소리로만 끝나지 않는다. 엄마어른의 마음을 건네받은 아이도 속삭인다. "엄마가 너무나 소중해요."라고. 그러더니 새끼손가락을 내밀며 말한다. '약속해 줄래요? 언제까지나 저를 지켜봐 주겠다고….' 책장을 넘기면 아이의 새끼손가락 위로 엄마의 새끼손가락이 포개어지며 닿는다. 그리고 이어지는 아이의 고백, "사랑해요, 엄마." 짧은 두 마디의 긴 여운이 가슴에 맑게 번진다.

사랑과 사랑이 만나고 서로 통하는 아름다운 순간. 날마다 아이들과 이런 순간을 선물로 나눌 수 있다면 얼마나 좋을까. 새삼 곁에 함께하는 아이들 둘러보며 고개를 끄덕인다. 그래, 약속할게. 자세히 보아 주고, 귀 기울여 들어 줄게.

무엇보다 사랑하고 사랑할게. 꼭꼭 약속할게….

행복한 엄마, 울트라 얍!

❝ 그림책에게 선물처럼 받은 마음 기운 품고
행복한 엄마로 변신하고 싶다.
훈이처럼 주문을 외워 볼까.
행복한 엄마로 변신, 울트라 얍, 얍, 얍! **❞**

 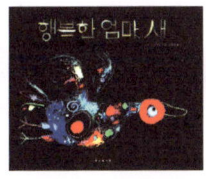  

『너 왜 울어?』 바실리스 알렉사키스 글, 장–마리 앙트낭 그림, 전성희 옮김 | 북하우스 | 2009년
『행복한 엄마 새』 미스 반 하우트 지음, 김희정 옮김 | 보림 | 2014년
『울트라 비밀 권법』 박보미 글·그림 | 한솔수북 | 2013년
『방긋 아기씨』 윤지회 글·그림 | 사계절 | 2014년

"제목 글자가 나란하지 않아요. '너'는 높고요, '왜'는 낮아요. 이렇게 말하니까 무슨 악보 이야기하는 것 같네요. 자, 이 제목 어떻게 읽으면 좋을까요?" 『너 왜 울어?』 그림책 표지를 보여 주며 엄마들에게 물었다. 유치원 별별도서관에서 가진 그림책 두루 살펴보고 이야기 나누는 자리였다. 한 명 한 명 제목을 읽는데 목소리와 높낮이가 서로 다르다. 하지만 분위기는 크게 다르지 않다. 묘한 긴장감이 감도는 가운데 엄마 한 명이 "너! 왜 울어?" 소리를 팍 내지른다. 여기저기서 웃음이 터진다.

내친김에 처음부터 끝까지 함께 읽었다. 낮은 목소리로 시작한 책 읽기는 책장을 넘길수록 소리가 점점 높아졌다가 마지막에는 낮아졌다. 그 사이, 엄마들 얼굴은 발갛게 달아올라 있었다.

그림 작가 장-마리 앙트낭은 엄마의 말에 갇힌 아이의 마음 상태를 무채색으로 새롭고 낯설게 보여 준다. 얼핏 보면, 마치 작은 점처럼 보이는 아이의 눈과 입에도 장면마다 미세한 표정이 담겨 있다. 무채색으로 질박하게 덧댄 작가의 붓질 덕분이다. 놀랍다. 무채색의 세계에서 짙고 붉은 빨강은 아주 도드라진다. 빨간 손톱과 빨간 모자, 빨간 물고기…. 표지만 봐도 빨간색과 무채색의 강렬한 대비가 인상적이다. 앞표지의 길고 빨간 손톱은 제목 글자 '너'를 찌를 듯 가리키고 있고, 손톱 그림자는 고개 숙이고 움츠려 있는 아이를 향해 길게 뻗어 있다. 튀어나올 것처럼 생생한 빨강은 볼 때마다 의미와 깊이를 헤아리게 한다. 무엇을 뜻하는 '빨강'일지 생각하게 한다.

절제된 색으로 표현한 그림에 담긴 바실리스 알렉사키스의 글도 놀랍다. "코트 입어!"로 시작한 글은 처음부터 끝까지 엄마의 말뿐이다. 엄마는 명령하거나 다그치거나 협박하거나 야단치기만 할 뿐 좀처럼 아이의 말을 들으려고 하지 않는다. 아이의 마음을 헤아리지 않는다. 엄마의 마음만 일방적으로 쏟아낸다. 기다려 주지 않는다. 물어 놓고도 대답을 기다리지 않는다. 아이에게는 쌀쌀맞기 그지없는 엄마지만 남어른에게는 얼마나 공손하고 친절한지!

뭔가 폭발할 듯 아슬아슬 조마조마했던 엄마의 말은 마지막 부분에 이르러 기어이 빵, 터져 버린다. "너 왜 울어? 왜 그러는 건데?" 순간, 팽팽한 긴장감이 맴돌았다. "네가 놀고 싶대서 밖에도 나갔다 왔고, 또 엄마가 빵도 사줬는데 기분 좋아서 웃어야지, 오히려 울어?" 마침, 이 부분을 읽게 된 엄마의 목소리는 나직했다.

읽는 엄마도 듣는 엄마들도 잠시 침묵했다. 짧은 찰나, 서늘한 바람이 우리들의 등줄기를 훑고 지나가는 기분이었다. 누군가 아휴, 하며 어깨를 축 늘어뜨렸다. 신음 소리 비슷한 소리를 내며 어색하게 웃는 엄마도 있었다. 어디선가는 긴 한숨 소리가 나기도 했다. 하지만 글은 끝난 게 아니었다. 나는 스크린에 빛 그림자로 쏘아 놓은 책장을 가만히 넘겼다. 그림을 보자마자, 엄마들 입이 벌어진다. 다들 놀란 얼굴이다. 이 장면을 처음 마주했을 때 나도 놀랐다. 아이가 엄마 치마 속에 들어가 있는데 치마 무늬가 꼭 감옥의 창살 같다. 아이의 모습이 꼭 새장에 갇힌 새 같다. '엄마'라는 견고한 새장에 갇힌 불쌍한 아기 새….

　"얘가 사람 돌게 만드네." 맨 뒤에 앉아 있던 엄마는 글자가 잘 안 보였던지 벌떡 일어나 앞으로 몸을 잔뜩 기울여 이 문장을 읽었다. 소리 내어 읽고도 믿기지 않는다는 듯 똥그래진 눈으로 나를 빤히 쳐다봤다. 이 문장은 대단한 충격이었다. 이토록 적나라해도 되는 걸까, 싶었다. 더욱 당혹스러운 건 이 문장에 뜨끔한 나의 속마음이었다. '맞아, 나도 이런 생각한 적 있었어.'라고 고백하는 내 안의 '나'를 마주한 까닭이었다. 입 밖으로 내뱉지는 않았지만 이 비슷한 문장을 마음에 떠올리며 차갑게 군은 얼굴이 되었을 나. 그런 날 보고 힘들었을 나의 아가, 나의 아이들…. 가슴 깊숙한 곳을 찔린 듯 아프다.

"우리는 사실 이런 엄마이길 바라지요…." 나는 부러 밝은 목소리로 말문을 열며 『행복한 엄마 새』 그림책을 펼쳤다. "꿈꾸어요. 바라고, 또 바라요." 짧은 한 문장에 한 장의 그림. 책장을 넘길 때마다 그림의 자리가 오른쪽 왼쪽 바뀌면서 짤막한 한마디 작가의 손글씨가 그림과 나란히 이어지는 구성이 반복된다. "우와!" 아기 새가 태어났다. 그 놀랍고 신기한 순간을 어찌 잊을까. 색색의 오일 파스텔로 자유롭고 거침없이 그려낸 듯 활달하고 유쾌한 그림이 우리를 경이롭고 감격스러웠던 탄생의 순간으로 데려간다. 그림을 보는 엄마들의 눈에 생기가 돌고 서서히 미소가 떠오른다. 무채색이 스며든 엄마들의 얼굴이 조금씩 환해진다. "보살펴요. 다독여요. 아껴 주어요." 고개를 끄덕이는 엄마들. "나무라요." 나는 책장을 넘기던 손길을 잠시 멈췄다.

"엄마 새 표정이 어떤 것 같아요? 왜 이런 표정일까요?" 내가 묻자마자 어디선가 불쑥 대답이 튀어나온다. "아이고, 좀 컸다고 대드네. 엄마는 기가 찬 표정?" 긴 부리를 다물고 아기 새를 바라보는 엄마 새의 눈동자에서 오만 가지 표정이 읽힌다. 그림은 가만히 아이를 내려다보는 엄마의 모습에 머물러 있지만 우리는 그 다음 장면, 부쩍 자란 아이를 나무라는 엄마를 상상한다. 왠지 차분하게 가라앉은 목소리로 아기 새에게 조곤조곤 이야기하며, 잘 나무랄 것 같은 멋진 엄마 새를 상상한다. 아이에 대한 사랑의 마음 놓지 않고, 안 되는 것은 안 된다고, 부드럽게 타이르고 단호하게 나무라는 엄마를 상상한다. 감정에 휘둘리지 않고 침착하게, 평온한 태도로 나무라는 일은 얼마나 어려운가. 그러나 행복한 '엄마'가 되려면 그래야 한단다. 잘못한 줄 알면서도 이런 것쯤이야, 하면서 아이의 잘못을 눈감아 주고 그것을 사랑이라고 여기거나 잘못한 것 이상으로 야단치면서 잔뜩 나무라고 돌아서서 후회하는 엄마는 불행하단다. 아이까지 불행해질 수 있단다.

"즐겨요. 귀 기울여요. 용기를 주어요. 떠나보내요." 짤막한 글들의 여운은 면지까지 이어진다. 서로 다른 새들이 저마다 날개를 펴고 날아가는 모습…. 아기 새를 떠나보내는 엄마 새의 오묘한 표정을 마주해서인지 앞면지에서 느끼지 못했던 가슴 뭉클함이 뒷면지 위로 포개어진다. 다시 앞표지를 살펴본다. 다채로운 빛깔의 엄마 새. 두 날개를 활짝 펴고 앞으로 곧게 날아가는 모습이 아름답다.

어느덧 날 키워 준 엄마 곁을 떠나, 우리도 엄마가 되었다. 돌아보면, 우리도 엄마와 '대결'하던 어린 시절이 있었다. 엄마는 왜 이렇게 내 마음을 몰라줄까, 씩씩거리면서 '엄마 같은 엄마는 절대로 안 될 거야!' 했던 어린 시절 말이다.『울트라 비밀 권법』은 어릴 적 '나'를 돌아보며 나의 일부를 꼭 빼닮은 아이 마음을 헤아리게 되는 그림책이다.

주인공 훈이에게 엄마는 '억지로괴물'이다. 훈이는 억지로괴물을 혼내 주고 싶어 비밀 권법 노트를 쓰기 시작, '연습에 또 연습!'을 한다. '변신 도구도 만들고 캡숑맨 옷까지 입'고 '변신 준비'를 마친 훈이는 주문을 외며 '썬파워 울트라 캡숑맨'으로 변신한다. 드디어 공격 개시! 훈이는 자신만만한 표정으로 외친다.

"뿅야뿅야 얄라콩 TV 볼래 얍!"
"지끈지끈 무베콥 공부 싫어 슝!"
"치카치카 오푸푸 씻기 싫어 헙!"
"쿨쿨음냐 드르렁 자기 싫어 헛!"

어쩌면 모든 아이들의 마음을 대변한 듯한 훈이의 공격, 신나고 즐겁다. 통쾌하다. 그런데 아뿔싸! 엄마가 갑자기 '샬라뽕 얄라뽕 핑키핑키 뿅!' 하면서 '요술공주 핑키뽕'으로 변신하는 것이 아닌가! 그리고 이어지는 훈이와 엄마의 불꽃 튀는 대결. 결국은 둘 다

지쳐 쓰러지고 '도무지 승부가 나지 않는 대결'은 중단된다. 훈이와 엄마는 평화 협정을 맺고 둘은 '합체!'하며 기분 좋게 아빠를 맞는다. 자는 동안 '지구의 평화'를 지키는 '썬더썬더아빠', '핑키핑키엄마', '캡숑숑훈이'으로 변신한 훈이네 가족의 훈훈한 모습을 보여 주며 끝나는 『울트라 비밀 권법』. 마지막 장을 넘기면 엄마의 어릴 때 모습으로 짐작되는 여자아이가 고양이와 함께 달려간다. 오른쪽 페이지에는 요술 공주 핑키가 그려져 있다. 앞면지에는 훈이와 강아지, 캡숑맨이 있다. 앞뒤의 면지 속 훈이와 어릴 적 엄마의 모습이 서로 닮았다.

아이가 뜻밖의 모습으로 '변신'하여 엄마를 '공격'할 때, 훈이 엄마처럼 아이의 마음으로 딱 아이만큼 변신할 수 있다면 좋을 텐데…. 어릴 적 주문을 잊어버린 엄마들은 '억지로괴물'로 변신하기 일쑤다. 엄마들이야말로 '울트라 비밀 권법'이 필요할지 모르겠다. 아이와 온몸으로 부대끼며 신나고 즐겁게 놀 수 있는, 어린아이로 순간 변신하는 초능력 울트라 비밀 권법!

『방긋 아기씨』에서 태어나 단 한 번도 웃지 않았던 아기씨를 방긋, 웃게 한 건 다른 누구도 아닌 엄마인 왕비님 자신이었다. "값비싼 옷도 맛있는 음식도 우스꽝스런 공연도 소용이 없"었다. 왕비님이 웃음을 터뜨리고 "아기씨 눈에 환하게 웃는 왕비님이 비"치자 아기는 비로소 엄마를 따라 방긋, 웃는다. 그리고 그제야 왕비님의 피부색은 청록색에서 살구색이 된다. 굳게 닫혔던 입술이 열리고 얼굴은 부드러운 미소로 환하다.

정작 자신의 마음을 돌보고 살피는 일에는 소홀해지기 쉬운 '엄마'라는 자리. 스스로 행복해야 아이와도 행복하게 만날 수 있는, 참 어려운 자리. 어려워도 물리거나 피할 수 없는 자리….

아름다운 오월, 그림책에게 선물처럼 받은 마음 기운 품고 행복한 엄마로 변신하고 싶다. 훈이처럼 주문을 외워 볼까. 행복한 엄마로 변신, 울트라 얍, 얍, 얍! 피식, 웃음이 난다. 그래, 웃자. 일단 웃자. 먼저 웃자! 웃는 얼굴로 아이와 눈 맞추고 왕비님처럼 '마음을 다해 가만가만 속삭'이자.

"○○야, 사랑해."

사랑해, 함께한 모든 발걸음, 정말 멋져!

> 66 그림책이 아니라면 무엇으로 이 짧은 순간,
> 짧지 않은 시간들을 한꺼번에 불러내
> 나와 마주할 수 있을까. 99

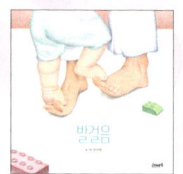  

『발걸음』 전선영 글·그림 | 고래뱃속 | 2018년
『이렇게 멋진 날』 리처드 잭슨 글, 이수지 그림 및 옮김 | 비룡소 | 2017년
『언제까지나 너를 사랑해』 로버트 먼치 원작, 이세 히데코 그림, 김하루 글 | 북뱅크 | 2017년

⋯

　벌써, 어느새, 두 자리, 10월. 아, 안녕. 달력 속 글씨 중 가장 커다란 숫자 10에게 말을 건다. 잠깐, 눈을 감아 봐. 어디선가 들리는 소리. 작지만 또렷하다. 누구일까? 설마 숫자 10의 목소리? 믿거나 말거나, 눈꺼풀이 내려온다. 눈을 닫는다. 번개처럼 빠른, 시간 이동. 십 년을 뒤달려 2008년에 닿는다. 숫자 10이 거꾸로 시계를 돌렸나 보다. 10이 기운차게 옆 돌기 한 판, 이얍! 거꾸로 선다. 10이 01이 되었다.

　그래, 십 년 전 이른 봄날이었다. 의사 선생님은 아기에게 심장병이 있으니 약속한 날 약속한 주사를 맞고 약속한 시간에 배 속에서 나오도록 하겠다고 했다. 나는 대답 대신 고개를 흔들었다. 우리는 그 전에 만날 거예요. 약속한 시간이 어그러지지 않게, 우리 힘으로 만날래요. 약속할게요. 입 밖으로 나오지 않은 말들을 마음에 새기며 나는 보름달처럼 차오른 배를 쓰다듬고 또 쓰다듬었다.

응애응애
네가 세상에 온 날, 엄마도 다시 태어났어.
사랑스러운 우리 아가.

그림책『발걸음』이 시작되는 첫 문장을 소리로 마주한 새벽. 후우, 후-, 숨소리 가다듬으며 내다본 택시 창밖으로 가로등 불빛들이 별똥별처럼 나타났다 사라졌다. 긴장이 느껴지는 택시 기사의 침묵과 내 오른손을 가져가 조몰락거리며 어쩔 줄 몰라 하던 친정 엄마의 떨리는 말소리가 함께했던 짧은 순간, 이상할 만큼 나는 차분했다.

"왜 이제 오셨어요?" 고요한 병원을 가르던 간호사의 질문과 곧바로 몸에 닿은 차가운 침대 바닥에도 움츠러들지 않았다. 내 마음은, 아가와 나, 우리 둘이, 서로에게 약속한 날이 오늘이구나! 속삭이며 기쁨으로 물들고 있었다. 첫아이를 낳을 때와는 또 다르게, '엄마'로 거듭나던 새벽이었다.

『발걸음』은 탄생의 첫 장면으로 엄마 손에 폭 담긴 아가 발바닥을 보여 준다. 잔주름까지 놓치지 않고 그려 낸 작고도 귀여운 아가 발바닥은 가슴을 따뜻하게 덥힌다. 아가를 처음 품에 안은, 뭐라 표현하기 어려운 그때 그 순간의 감정을 다시 불러내는 『발걸음』. 아주 천천히, 조심스럽게 색을 채워 나갔을 것 같은 그림은 아가의 보드랍고 말랑한 살갗이 만져질 듯 생생하다. 가만히 그림에 손끝을 대어 본다.

"아기는 중환자실로 이동할게요." 갓 태어난 둘째를 안아 보기가 무섭게 간호사가 말했다. 눈을 맞추지도 못했는데, 등을 제대로 쓸어 주지도 못했는데, 간호사가 아기를 번쩍 들어 올렸다. 아기 발가락에 닿았던 손끝이 허공을 휘저었다. 생이별이었다. 까닭을 모르지 않으면서도 가슴이 미어졌다. 모로 누워 울었다. 발이 시리고 온몸이 떨렸다. 그러나 그런 시간들이 있었기에 아기를 다시 품에 안았을 때 얼마나 행복했는지 모른다. 하루에도 몇 번씩 자그마한 아기 손과 발에 코를 들이대며 킁킁 냄새를 맡고, 나도 모르게 살갗을 어루만지곤 했다. 함께 할 수 있는, '지금 이 순간'이 그렇게 고맙고 감사할 수가 없었다.

아이가 첫발 떼던 날이 떠오른다. 가슴에 난 수술 자국 때문에 엎드려 기어 다니지 못하고 첫 생일을 맞았던 아이는 늦봄 어느 날, 첫발을 뗐다. 아랫니가 다 보이게 웃으면서 한 발 한 발 내디뎠다. 넘어질 듯 넘어지지 않고 내게로 왔다. 작은 두 발이 움직여 아이가 내 품에 폭 안기는데, 온 세상을 껴안은 듯 벅찼다. 기뻐서 아이의 겨드랑이에 손을 넣어 하늘로 번쩍 들어 올렸다 내리고, 들어 올렸다 내렸다. 스스로 서고 일어나 이제 혼자 힘으로 나아갈 수 있는, 대단한 작은 발이 오르락내리락, 춤을 췄다.

아가였을 때부터 초등학교 입학을 앞둔 어린이가 되기까지의 순간순간을 '발'의 이야기로 엮어 낸『발걸음』. 때문에 누구라도 책장을 넘기면 우리 몸의 가장 낮은 곳이자 움직임이 시작되는 곳, 두 발에 눈을 맞추게 된다.

아주 작은 맨발이었다가 신발을 신을 만큼, 꽃신을 신을 만큼, 엄마 구두를 신을 만큼, 샌들을 신을 만큼, 운동화를 신을 만큼 자라난 아이의 발. 그림에 곁들인 사랑과 응원의 글을 마음에 들이면, 신기하게도 그림에 담기지 않은 아이의 얼굴이 보인다. 내 아이의 그때가 떠오른다. 나란히 앉아 있지만 저마다 다른 색깔 신발에, 자유로운 움직임으로 서로 다른 발들. 재잘거리는 말소리가 들릴 것 같은 장면에선 함께한 유치원 아이들 얼굴이 스친다.

서로 다른 친구들을 만나고,
서로 닮은 모습들을 통해서
함께라는 걸 느껴 봐.
얼마나 소중하고 즐거운지.

유치원 곳곳을 활짝 열고 그림책 좋아하는 누구나 반갑게 맞이했던 첫 번째 책 잔치가 생각난다. 그해 가을이었다. 처음이라 준

비하며 애를 많이 먹었지만 '우리 동네 꿈틀 그림책 잔치'라는 이름도 짓고, '그림책이랑 놀자!' 걸개그림도 내걸어 잔치마당을 펼쳤다. 그림책 세계와 어우러지는 어른과 아이들이 한데 모여 시끌벅적, 왁자했던 그날, 'Max호'로 변신한 빨간 고무 대야에 쏙 들어가 앉은 아이와 곁에 바짝 붙어 아이 손에 들린 그림책 읽어 주던 엄마 아빠의 모습이 눈앞에 선하다. 선생님들이 손바느질로 만든 인형 가지고 엄마들이 한 달 넘게 연습하여 무대에 올린 '구름빵' 인형극이 끝났을 때 강당을 가득 채운 박수 소리도 기억난다. 마음으로만 품었던 시간을 현실로, 더불어 누릴 수 있어 뜻깊었던 책 잔치 날, 얼마나 가슴 벅찼는지 모른다. 무엇보다 즐거워하는 아이들 모습에 기뻤다.

책 잔치 날 여기저기 뛰어다니며 책 놀이 즐기던 아이들 모습, 『이렇게 멋진 날』에 살아 있다. 아이들이 뿜어내는 신나는 기운이 고스란히 담겨 있어 놀라운 그림책이다.

이야기는 비 오는 날 재미난 일이라고는 하나도 없을 것 같은 어느 순간에서 시작한다. "신나게 두 발을 구르"며 우산 들고 집 밖으로 걸어 나가는 아이들. 빗물 찰박이며 "첨벙첨벙 뛰"고 "룰루랄라 큰 소리로 노래"한다. "휘~ 휘~ 휘파람 불"며 친구들을 소리쳐 부른다. "우리 같이 놀러 갈래?" 다 같이 우산을 하늘 높이 던지며, "숨바꼭질도 하고", "사르르 빛나는 햇살 속에서" 언덕 아래로 "바람을 타고 미끄럼도 타고" 놀며 "반짝반짝 빛나!"는 아이들. 우산 잡고 하늘을 날아다니다 "발끝 톡톡" 사뿐히 내려앉는다. 한숨 자고 냠냠 맛있게 간식도 먹고 나면 "랄랄라 룰루 신난다." 입 밖으로 절로 나오는 "야호!" 정말 멋진 날이다.

『이렇게 멋진 날』 앞면지를 가득 채운 시꺼먼 먹구름처럼 힘들고 막막한 순간을 마주하더라도 웃을 수 있는, 노래할 수 있는, 춤출 수 있는, 즐거운 기운 잃지 않는다면 얼마나 좋을까. 어쩌면 우리는 그것을 바라고 꿈꾸었는지 모른다. 책 잔치 날 여럿이 누리는 그림책 세상이, 아이들에게 소중하고 특별한 힘이 되어 주길, 고작 하루뿐이지만 함께한 추억들이 즐거운 기운으로 오래오래 남아 있길!

유치원 생일잔치 때마다 생일 선물로 그림책을 골라 건넨 것도 같은 마음이었다. 생일날, 아이와 나누는 가장 소중한 선물이 '사랑'이길 바랐다. 그렇게 십 년 전 『언제까지나 너를 사랑해』를 만났다. 우리가 처음 고른 생일 그림책이었다.

너를 사랑해 언제까지나

너를 사랑해 어떤 일이 닥쳐도

내가 살아 있는 한

너는 늘 나의 귀여운 아기

부를 때마다 음이 달라지곤 했던 이 노래, 다시 불러 본다. '너를 사랑해 언제까지나, 너를 사랑해….' 자장가로 이 노래를 듣고 자란 아기가 열 살 넘은 어린이가 되었다. 잠자리에 누운 아이 곁에 앉아 그림책을 펼친다. 100쇄를 기념하여 이세 히데코의 아름다운 그림으로 다시 태어난 『언제까지나 너를 사랑해』. 아이가 반복되는 노래를 따라 부른다. 눈감고 누워 있다 노래 부르며 실눈 뜨고 웃어대는 아이. 웃음소리가 반짝반짝, 얼굴에 아기 때 얼굴이 어룽거린다. 아, 그때는 이렇게 시간이 빠르게 지나가 버리는지 미처 몰랐다.

이제는 안다. 생명 기운의 커다란 흐름, 작은 일부인 나와 나를 둘러싼 인연들. 아이는 점점 더 자라 어른이 될 테고, 나는 하루하루 점점 더 늙어갈 테지. 그래도 생명은 이어지고 우리가 나눈 사랑은 영원히, 언제까지나… 알 수 없는 감정이, 커다란 떡갈나무 바탕의 물빛 그림과 한데 어우러져 내 안에서 맑게 번진다.

그림책이 아니라면 무엇으로 이 짧은 순간, 짧지 않은 시간들을 한꺼번에 불러내 나와 마주할 수 있을까. 많은 시간을 한순간에 불러와 돌아보게 하고, 지금 이 순간 너머 다가올 앞날을 내다보게 하는 그림책의 힘, 참 대단하다. 평범한 날들을 멋진 날로 바꾸어 내는 좋은 그림책들, 앞으로도 두루 만나고 사랑하며 나누고 싶다.

한 해에 한 번씩, 첫 번째, 두 번째, 세 번째… 아홉 번째에 이어 열 번째 맞은 책 잔치! 책 잔치와 함께한 발걸음 헤아려 보니 마음 보태 주신 분들이 정말 많다. 서툴고 부족한 걸음걸음마다 기꺼이 마음 내어 채워 주고 더해 주신 소중한 그림책 인연들이 아니었다면 책 잔치는 열 살을 맞지 못했을 것이다. 한 분 한 분 고맙고 감사한 마음 다 어찌 전할까….

잔치를 앞두고 너무나 정신없이 살고 있는 내게, 잠시 걸음을 멈추고 지나온 길과 그 위에 난 발자국 돌아보게 해 준 그림책『발걸음』. 곁에 와주어 고맙다. 잔치는 곧 끝날 테고, 시간은 어김없이 흘러 우리 사이를 지나가겠지만 함께한 순간들,『언제까지나 너를 사랑해』자장가 노래처럼 마음자리 어딘가에 '사랑'으로 든든하게 머물러 있어 주면 좋겠다. 언제까지나 잊히지 않고, 기억된다면 정말 좋겠다.

10주년 책 잔치 마치고 집으로 돌아가는 길, 아이들 입에서 『이렇게 멋진 날』의 마지막 문장이 기분 좋게 흘러나오면 얼마나 좋을까. 아, 좋은 수가 떠올랐다. 잔치 마지막에 모두 함께 외치는 거다.

그래, 이렇게. "야호! 오늘은 정말 멋져!" 숫자 10의 마법에 걸린, 오늘은 정말 멋진 날이다.

🌸 아슬아슬, 친구에게 그리고…

> '우리는 친구니까.'
> 백발의 부부는 서로 마주보며 웃었다.
> 함께한 오랜 시간들을 보듬는 정겹고 따스한 웃음이었다.
> "늘 곁에 있어 줘서… 고마워."

『변신! 아슬아슬 가면』 아키야마 타다시 글·그림, 김숙 옮김 | 국민서관 | 2014년
『친구에게』 김윤정 그림책 | 국민서관 | 2016년

⋯

    가족 모두가 『변신! 아슬아슬 가면!』 그림책 주인공 고타가 된 적이 있다. 공항에서였다. 비행기 타는 곳을 잘못 알고 엉뚱한 곳에서 기다리고 있었던 것이다. 일찌감치 도착해 느긋하게 시간을 보내던 우리 가족은 순식간에 '아슬아슬 가면'을 쓰고 '아슬아슬 맨'으로 변신, 미친 듯이 달리기 시작했다. 에스컬레이터보다 빠른 속도로 달려 나가 저 멀리, 점점 작아지는 키 큰 남자와 "아빠, 아빠!" 소리치며 울먹울먹 뒤쫓는 아이 둘의 모습은 먼지 구름을 일으키며 달려가던 고타의 모습과 다르지 않았다. 그 뒤를 달리다 걷다 숨을 헐떡이며 종종걸음으로 따라가던 나는 고타의 말을 떠올렸다.

"으아아아아!"
믿을 수 없을 만큼 빨라.
이게 바로 아슬아슬 가면의 힘이야!

    아슬아슬 여행의 아슬아슬한 시작이었다. 이후로도 몇 번이나 아슬아슬 가면을 찾게 될 줄, 그때는 미처 몰랐다. 에어 인디아 비행기 안에서 흘러내리는 땀방울을 닦으며 우리는 서로의 얼굴을 마주보고 실실거렸다. 바퀴 달린 큰 가방 안에 정신없이 흔들리며 비행기에 실렸을 그림책 『친구에게』 두 권도 모처럼 한숨 돌렸을 터였다. 비행기가 날아오르자 친구에게 가는 길이 실감났다. 내가 진짜 인도 델리를 거쳐 무스카트로 가는구나, 싶었다.

　친구가 아니었다면 떠나지 못했을 여행이었다. 친구가 아니었다면 『선생님도 한번 봐 봐요』에 나오는 연심희 선생님처럼 오만의 수도가 무스카트라는 사실도 몰랐을 테고, 아빠가 오만에 있어 오만에 대해 많은 걸 알고 있는 성준이도 만나지 못했을 거다. 친구는 큰아이 이름성준이 나온 책을 무척 신기해했다. 나야말로 오래 전, 갑작스런 부탁에도 기꺼이 마음을 내 준 친구가 신기하다. 뒤늦게 유아 교육을 공부하면서 알게 된 친구는 거문고를 전공했다고 이야기했다. 그 얘기를 듣자마자 얼마 남지 않은 결혼식 날짜를 들이대며 거문고 연주를 부탁한 내게, 친구는 웃으며 고개를 끄덕였다. 어느 회관에서 주례 없이 여러 친구들의 재능 기부로 진행됐던 나의 결혼식은 친구의 거문고 연주로 뜻깊게 마무리 되었다. 소중한 날, 함께해 준 친구의 고운 자태가 지금도 잊히지 않는다.

　"어려운 일로 혼자서 고민하지 마. 네 이야기를 들어 줄게." 『친구에게』 그림책 속 여자아이처럼 그때 그 시절, 내 이야기를 들어 준 친구가 새삼 고맙고 고마웠다. 오만에서 나를 불러 준 것도…. 나는 마음 건넬 선물로 『친구에게』 그림책을 정성껏 챙겨 넣었다.

 지난여름, 친구는 두 아이와 함께 멀리 구미까지 나를 만나러 왔다. 반갑고 기쁜 마음 나누며 지낸 것도 잠시, 금세 헤어지는 날이 되어 아쉬운 작별을 했는데 마지막에 주고받은 말이, "오만에서 다시 만나요!"였다. 그리고 친구는 오만으로 돌아가서도 잊지 않고 마음을 보내 주었다. "기다리고 있어요… 꼭 오세요!" 친구 덕분에 없던 마음이 생겨나고 아득하게만 여겨졌던 여행길이 열렸다.

 멀리 있는 친구를 만나러 가는 여정은 또 다른 친구를 만나는 길도 터 주었다. 무스카트까지 오가는 길에 인도에 들르기로 한 것이다. 푸네Pune와 판츠가니Panchgani에 곁지기의 오랜 인연이 있다고 했다.

 친구에게 가는 길이 호락호락하지만은 않았다. 델리 공항에서는 지하철역으로 가는 쉽고 빠른 지름길을 코앞에 두고 뱅뱅 돌고 돌아 결국 마지막 지하철을 놓쳐 버린 한밤중도 있었고, 무비자 실랑이로 한참 기다리는 바람에, 또 줄을 잘못 선 바람에 비행기를 놓칠까 마음 졸인 한낮도 있었다. 푸네에서는 달리던 택시가 갑자기 시동이 꺼지면서 가다 서다를 반복하는 바람에, 그럼에도 기사님이 "노 프라블럼No problem!"이라고 외치며 도로 한가운데서 자동차 엔진 덮개를 여는 바람에 심장이 쪼그라들 만큼 아슬아슬하기도 했다.

아슬아슬 가면은 아슬아슬할 때만 쓸 수 있어.
아슬아슬맨으로 변신하면
엄청난 힘이 솟아나지.

가장 아슬아슬했던 때는 뉴델리 기차역에서의 꼭두새벽이었다. 무스카트에서 밤 비행기를 타고 델리에 내린 우리는 이어서 새벽 기차를 타야 했다. 잠이 덜 깬 아이 둘을 어르고 달래 지하철을 타고 뉴델리에 내려 기차역까지 걸어갔다. 출발 시간이 얼마 남지 않은 터라 서둘러야 했다. 그런데 전광판에 우리 기차 번호가 보이지 않았다. 기차를 어디서 타는지 알 수가 없었다. 아이들은 하얗게 질린 얼굴로 덜덜 떨었고, 나는 발을 동동 굴렀다. 한없이 낯선 기차역이 몹시 추웠다. "1번이래. 빨리 가자." 날아다니다시피 여기저기 상황을 살피고 온 곁지기의 말이 떨어지기가 무섭게 우리는 기차역 계단을 뛰어올랐다. 손에 든 큰 가방의 무게가 느껴지지 않았다. 무수한 사람들 사이로 요리조리 파고들어 뛰고 달렸다. 저기 저 끝에 있는 1번 플랫폼으로 어서 가야 한다는 생각뿐이었다. 예약한 기차는 취소가 안 된다고 했다. 놓치면 끝이라는 생각에 숨이 턱에 닿았다. 1번 플랫폼에 발을 디딘 시각이 열차 출발 5분 전! '아슬아슬 파워'가 정말 대단하게 느껴졌다.

그러나… 기차가 보이지 않았다. 다시 알아보니, 짙은 안개로 기차 출발 시간이 4시간이나 늦춰졌다고 했다. 아이 둘이 울음을 터뜨렸다. 집에 가고 싶다며 비죽비죽 울었다. 그제야 바닥 여기저기 다닥다닥 붙어 누워 자고 있는 수많은 인도 사람들이 눈에 들어왔다. 아이 둘을 끌어안았다. 괜찮다고, 애써 웃으며, 아무렇지 않은 척했지만 마음이 휘청거렸다. 온갖 조바심과 두려움이 서늘하게 몸속을 파고들었다. 여름옷을 두세 개 껴입고 겉옷까지 덧입었지만 안개 낀 새벽 찬 공기를 막아 내기엔 옷이 너무 얇았다. 당장 집으로 돌아가 아이들을 따뜻한 방에 눕히고 싶었다.

네가 두려워 머뭇거린다면
내가 그 길에 함께할게.

혼자였다면 두려움에 주춤, 머뭇거리다 돌아왔을지도 모르겠다. 혼자가 아니어서, 함께라서, 흔들리는 마음 붙잡을 수 있었다. 추위를 견디고, 두려운 마음 넘어설 수 있었다. 우리를 기다릴 친구들 다시 떠올릴 수 있었다. 다행히, 기차는 뒤늦게나마 우리 앞에 나타났다. 우리는 기차에 올라 다시 길을 나섰다. 안개가 걷히지 않아 이틀 뒤 기차는 취소해야 했지만 다른 방법으로 아슬아슬, 친구들이 있는 판츠가니 '변화의 첫걸음 IofC 센터'에 닿을 수 있었다. 십여 년 전 유치원을 다녀간 수레쉬와 레나 부부를 비롯해 오랜 인연들과 기쁘게 만날 수 있었다. 이야기를 나누는 동안 십여 년 전으로, 또 곁지기가 인도를 다녀간 이십여 년 전으로 뿅! 순간 이동하는 놀라운 경험을 했다.

더 놀라운 순간 이동은 푸네의 한 아파트, 작은 거실에서 이뤄졌다. 우리가 그곳에 이르기까지 여러 가지로 마음 써 준 키란 간디가 아내 네루를 불렀다. 백발의 머리카락이 밝게 빛나는 키란과 닮아 보이는 네루. 반가운 마음이 펼쳐진 순간, 드디어『친구에게』그림책을 꺼냈다. 그리고 읽기 시작했다. 'With you'라고 영어 제목을 읽는 목소리가 설레었다.

목이 마를 때 물이 없다고 슬퍼하지 마.
내 물을 나누어 줄게.

책장 넘기는 손길 따라 투명한 OHP 필름 앞뒤로 인쇄된 물이 둥실 떠오르더니 친구의 빈 컵에 포개졌다. 백발 부부의 눈동자가 동그래졌다. 문득, 오만 곳곳에서 물을 챙겨 주던 친구가 떠올랐다. 이것저것 살뜰히 챙겨 주던 고마운 친구. "네가 차가운 빗속에 있다면 나도 함께 그 비를 맞을 거야." 오른쪽에서 왼쪽으로 건너가 함께 비를 맞는 책 속 여자아이를 쳐다보던 키란과 네루의 눈빛이 서로 마주쳤다. "넘어져도 괜찮아. 내가 언제나 너를 일으켜 줄 테니." 감기 때문에 자꾸 기침이 난다며 말을 아끼고 조용히 있던 네루 얼굴에 미소가 번졌다.

　변화의 첫걸음 NGO 활동을 하는 남편을 따라 인도 서쪽 끝에서 동쪽 끝으로, 언어부터 환경까지 모든 게 낯선 이곳으로 떠나와 무척 힘들었다는 네루. 낯선 곳에 뿌리 내리며 세 딸을 키우고 시집보낸 그녀의 얼굴 위로 갑자기 엄마 얼굴이 어른거렸다. 아빠를 만나 낯선 시간들과 씨름하며 세 딸을 길러 낸 나의 엄마. 엄마의 얼굴은 나의 얼굴로, 또 지금 낯선 곳에서 어린 남매를 키우며 애쓰고 있는 친구의 얼굴로 바뀌었다. 서로 다른 곳에 있지만 서로 닿아 있는 얼굴, 닮아 있는 이야기….

네가 혼자라고 느낄 때도

나는 항상 네 편이야.

혼자서는 힘들어도

너와 함께라면 더 큰 꿈을 꿀 수 있어.

키란이 네루를 바라보았다. 네루도 키란을 바라보았다. 책 속 장면과 딱 겹치는 그 순간, 나는 마음을 다해 읽었다. "우리는 친구니까." 백발의 부부는 서로 마주보며 웃었다. 함께한 오랜 시간들을 보듬는 정겹고 따스한 웃음이었다. "늘 곁에 있어 줘서… 고마워." 책 속 남자아이와 여자아이가 나란히 포개어져 같은 곳, 파랑새를 바라볼 때, 나는 우리의 마음과 마음이 서로 포개지고 이어지고 있다는 걸 느꼈다.

"넌 내 가장 소중한 친구야." 가만히, 힘주어, 마지막 뒤표지의 글을 읽으며 나는 키란과 네루를, 곁지기를 바라보았다. 그 순간까지 함께한 아이들을 돌아보았다. 소중한 친구, 가족. 새삼 마음이 뭉클했다. 키란이 엄지를 들어 보이더니 박수를 쳤다. 함께한 순간이 기쁨으로 물들었다. 『친구에게』는 이렇게 우리 모두에게 아주 특별한 추억의 책이 되었다.

새삼 『친구에게』의 또 다른 제목 'With you'가 떠오른다. '함께

하겠다는 약속', '잊지 않겠다는 약속'도….

　아슬아슬한 때라도 '아슬아슬 파워', '엄청난 힘'으로, 우리가 바라는 순간을 꼭 이루어 낼 수 있기를!

좋아해! 때로, 다시 만나!

> " 어서 와. 힘들었지? 잠깐 쉬어가렴.
> 그럼, 언제든 와도 좋고말고. 이리 와, 안아 줄게.
> 두 팔 벌려 꼭 안아 줄게. 그림책은 속살거리곤 했다. "

『무슨 일이든 다 때가 있다』 레오 딜런, 다이앤 딜런 글·그림, 강무홍 옮김 | 논장 | 2004년
『좋아해』 노석미 | 사계절 | 2017년
『우리는 언제나 다시 만나』 윤여림 글, 안녕달 그림 | 스콜라 | 2017년

…

　오래된 책장 앞에서 몸을 낮춰 가장 낮은 칸 책꽂이에 손을 뻗는다. 서로 기대 서 있는 정다운 책등에 가닿는 손가락. 그림책 한 권 한 권 어루만지듯 위에서 아래로, 반가운 인사 나누듯 오른쪽에서 왼쪽으로 움직인다. 사이사이, 불쑥 펼쳐지는, 그림책과 함께 엮인 시간들…. 책 속에 끼워 둔 꽃잎처럼 빛바래지 않은 순간순간들이 팡팡 터져 나온다.

　반짝, 금박의 책등에 닿은 손끝을 타고 들려오는 다섯 살 아이의 목소리. "엄마, 우리도 때 있지요?" 작고 까만 눈동자가 떠오르며 가슴 일렁인다. 따스한 온기가 막 돌기 시작한 이불 위에 아이와 나란히 누운 겨울밤이었다. 『무슨 일이든 다 때가 있다』 그림책 처음 만난 때.

　그림책 뽑아 들고, 그 밤처럼, 제목을 소리 내어 읽어 본다. 무슨 일이든 다 때가 있다. 아이의 말이 귓가를 간질인다. "어제, 목욕탕에서, 때, 많이 나왔지요." 듣자마자 웃음이 터졌던 나는 뭐라고 했더라. "아, 이 '때'는 그 '때'가 아니야." 했던가, 그냥 바로 뒤이어 책을 읽어 줬던가. "그래, 사람은 누구나 '때'가 있지…." 가만히 중얼거렸던 것도 같다.

한동안 때를 밀 때면 어김없이 그림책과 아이의 말이 떠올랐다. 밀어야 나오는 때. 살살 문지르며 밀면 더 잘 나오는 때. 시간을 들여 물에 불리면 돌돌 말려 뭉쳐진 채 서로 다른 색, 저마다의 진하기로 나오는 때. 몸이 살아 낸 시간, 자기도 모르게 흘린 땀을, 다양한 굵기와 길이로, 여러 가닥의 양으로 생생히 보여 주는 때…. 생각하면 생각할수록 '때'와 '때'는 이름만큼이나 닮은 구석이 있었다. 어떻게 살아가느냐에 따라 서로 다르게 빚어진다는 점, 같은 때라도 한 가지가 아닌 여러 가지 모습으로 나타난다는 점이 그랬다. 살아가는 동안 누구나 헤아릴 수 없을 만큼 많은 때를 만난다는 사실 또한 그랬다.

책을 들추면 온갖 때가 나온다. 날 때와 죽을 때, 심을 때와 거둘 때, 죽일 때와 살릴 때, 허물 때와 세울 때, 울 때와 웃을 때, 가슴 깊이 슬퍼할 때와 기뻐 춤출 때, 돌을 버릴 때와 모을 때, 서로 껴안을 때와 거리를 두어야 할 때, 얻을 때와 잃을 때, 잡을 때와 놓아줄 때, 찢을 때와 꿰맬 때, 입을 다물 때와 열 때, 사랑할 때와 미워할 때, 싸울 때와 평화를 누릴 때…. 유명한 성경 구절, 전도서의 일부이기도 한 책의 내용은 '행복과 고통'이 '수수께끼처럼 흘러왔다 흘러가며 인간의 힘으로는 어쩔 수 없'음을 일러 준다.

가운데의 제본선, 접히는 부분을 사이에 두고, 왼쪽과 오른쪽으로 갈라선 정반대의 '때'는 같은 듯 다른 그림으로 마주보고 있다. '종교와 문화가 달라도 인간이라면 누구나 겪는 삶의 면면들이 있음'을 '그림에 담기 위해 구절마다 한 나라의 독특한 미술 양식을 골라서 표현해 보았다'는 작가, 레오 딜런과 다이앤 딜런. '전 세계 여러 문화권의 미술 기법을 실험하면서 얻은 경험'을 그림에 오롯이 부려 놓은 이들은, 이름에서 알 수 있듯, 부부 사이다. 두 사람이 함께 궁리하면서 힘을 더하고 보태며 작업했을 터. 무려 열여섯 가지 방법으로 그림을 완성하고 이 책을 매듭짓기까지 얼마나 많은 때를 겪었을까…. 둘이 함께한 때를 헤아려 본다. 어쩌면 이 그림책을 세상에 내놓기까지, 두 사람은 여기 담긴 모든 때와 마주했는지도 모른다. 한 권의 그림책이 품고 있는 시공간이 우주처럼 넓고 깊게 다가온다.

몇 해 전, 망설이고 망설이던 겨울 한때가 기억난다. '하고 싶다!'와 '할 수 있을까?' 사이에서 갈팡질팡, 주저주저, 헤매던 때. 설레어 두근두근 하다가도, '잘 해내지 못하면 어쩔 건데?' 시비 거는 불안과 걱정, 두려움에 가슴이 콩닥거렸다. 그때, 깊은 새벽, 내 마음 가장 낮은 곳에서 솟아난, 한마디 말. 좋아해.

　그림책『좋아해』표지 쓰다듬으며, 흔들리는 나를 붙들어 주던 그 말, 살살 불러 본다. 좋아해. 두 손 모으고 활짝 웃고 있는 표지 속 남자아이처럼 밝아지는 얼굴. 표지를 넘기면 면지에도 눈부신 노랑, 빛이 가득, 환하다. 다섯 살 반 교실에 들어가 처음 읽어 주었을 때, 아이들은 그림을 가리키며 큰 소리로 외쳐 댔다. 생쥐다! 고양이! 지렁이! 그림책에 나오는 글이라곤 '좋아해' 한마디가 전부라 아이들 소리와 뒤섞인 그림책 이야기는 절로 이렇게 되곤 했다. 좋아해. 강아지! 좋아해. 금붕어! 들리는 대로 그림을 보면 그런 것 같기도 했다.

　그러나 일곱 살 아이들의 반응은 달랐다. 저기, 저 뒤에, 친구가 있어요! 세상에, 정말 그랬다. 친구는 뒤에 몇 장면에서만 나온 게 아니었다. 처음부터 함께 있었다. 창문 밖에, 등 뒤에, 바로 곁에, 아주 가까이, 더불어 있었다. 책장 넘길 때마다 나타나는 그림 속 모든 순간에 친구가 있었다. 생명들과 마음 나누고, 곳곳마다 추억 만들며, 어깨를 나란히 하고 활짝 웃으면서….

　한 쪽짜리 그림이 처음으로 두 쪽으로 넓게 펼쳐지는 바닷가, 시원하게 탁 트인 모래벌판에서 두 아이는 거의 똑같은 몸짓으로 서로에게 달려간다. 그런데 이 장면엔 이제까지 쭉 나왔던 한마디, '좋아해' 글자가 없다. 두 아이의 웃는 얼굴이 커다랗게 두 쪽을 가득 채운 뒷장도 마찬가지. 그러나 우리는 보이지 않는 글자, 짧지만 긴 여운을 지닌 한마디 글자를 마음으로 읽어 낸다. 두 아이를 감싸고 있는 노랑, 환한 빛 가슴에 들이며 '좋아해' 소리를 듣는다. 파도 울렁이는 바닷가, 아이들이 떠난 모래벌판은 흔적조차 없이 말끔하지만, 두 아이 마음결에는 파도 소리와 웃음소리가 오래도록 찰랑일 것만 같다.

뒷면지에도 가득한 노랑, 환한 빛 한가운데 우뚝 솟아 있는 섬처럼 박혀 있는 마지막 말, 맨 나중 인사. '좋아해, 좋아해.' 언제나 하고 싶은 이 말은 어디에서 어디로, 어떻게 흘러갈까. 어디든 밝고 따스하게, 스며들 것 같다. 촉촉하고, 부드럽게, 기분 좋게….

그 새벽, 날 찾아온 '좋아해' 한마디 덕분에 나는 새로운 시간을 열어 갈 수 있었다. 물론, 그 시간들은 조마조마한 때와 아슬아슬한 때를 품고 있기도 했고, 힘든 때와 괴로운 때, 심지어 부끄러운 때를 맞닥뜨리게도 했지만 이루 다 말할 수 없이 가슴 벅차고 뿌듯한 때, 기쁘고 즐거운 때를 선물처럼 안겨 주었다. 무엇보다 이 글을 쓰고 두루 나눌 수 있어 뭉클하게 고맙고 감사한 때가 많았다. 시작할 때가 있으면 마칠 때가 있는 법. 이제, 또 다른 때에 다다라 한 권의 그림책을 집어 든다.

초록 책등에 검정 글씨로 박힌 제목,『우리는 언제나 다시 만나』. 노란색 바탕 표지에 붉은 단풍잎이 별처럼 반짝, 반짝이며 떨어져 내린다. 오른쪽과 왼쪽 가장자리에서 고개를 돌려 눈빛을 나누고 있는 엄마와 아이. 맑고 투명한 선 하나가 엄마의 눈에서 출발하여, 아이의 눈을 지나, 커다란 제목 글자, '우리는 언제나 다시 만나', 동그랗게 감싸 돌아온다. 덕분에 그리 멀게 느껴지지 않는, 엄마와 아이 사이의 벌어진 거리.

유치원 안 가겠다고 떼쓰고 울던 아이가 유치원 버스를 타고 여행을 떠나 하룻밤 자고 올 만큼 자란 어떤 날, 지나온 시간들을 '새록새록' 떠올리며 이야기를 시작하는 엄마. 아이와 까꿍 놀이 즐기던 때를 기억하며 속삭인다. "우리는 조금씩 알아 가고 있었던 거야. 잠깐 서로 못 본다 하더라도 아무 일 없이 꼭 다시 만난다는 걸." 부드러운 색연필로 색칠해 연필 선 안을 꼼꼼히 채운 안녕달 작가의 그림은 아이를 사랑하는 엄마의 마음을 보여 주듯 정겹고 따스하다. 아이는 자라나고, '확실히 알게 된'다. '아무리 오랫동안 떨어져 있다 해도' 언제나 다시 만난다는 사실을. 보고 싶은 마음 꾹 참고 하루를 보낸 엄마는 아이와 반갑게 다시 만나 꼭 끌어안는다. 그리고 헤아려 본다. 언젠가 아이가 더 멀리 떠나고, 아주 오랫동안 떨어져 있을 날을…. "그래도 괜찮아." 그림책 읽는 내 목소리에 힘이 들어간다. "언젠가 우리는… 꼭 다시 만날 테니까."

어두운 밤 밝히는 별처럼, 빛나는 엄마의 마음. "사랑하는 아이야, 세상을 훨훨 날아다니렴." 졸업 앞둔 유치원 아이들에게, 함께했던 아이들에게 전해 주고 싶다. 얘들아, '힘들어 쉬고 싶을 때 언제든' 유치원으로 놀러 오렴! 꼭 안아 줄게. 생각만 해도 가슴 따뜻해지는 사랑과 응원의 마음…. 좋은 그림책마다 깃들어 있는 마음이기도 하다.

어서 와. 힘들었지? 잠깐 쉬어가렴. 그럼, 언제든 와도 좋고말고. 이리 와, 안아 줄게. 두 팔 벌려 꼭 안아 줄게. 그림책은 속살거리곤 했다. 우리는 언제나 다시 만날 수 있어. 덕분에 나는 그림자 짙게 드리워진 시간마다 그림책의 마음에 기대고 폭 안기며 어두운 터널 같은 순간들을 빠져나올 수 있었는지도 모른다.

가만가만, 흔들리는 나를 붙든 '좋아해' 한마디, 내 마음 속 책꽂이에 꽂힌 그림책들로부터 솟아난 거였다. 널 좋아해. 알고 있지? 내가 언제나 너와 함께하고 있다는 걸. 응, 나도 널 좋아해. 정말 정말, 아주 많이, 좋아해. 네 이야기 함께 나누는 것도 참말로 좋아해. 좋아해. 좋아해. 좋아해…. 메아리처럼 내 안에서 울려 퍼진 '좋아해' 소리가 날 여기까지 오게 해 주었다. 신기하고 놀라운 한마디, 좋아해.

좋아하는 그림책 이야기, 마음을 불러오는 그림책 이야기 챙기고 엮으면서 내 마음 찬찬히 살펴보고 들여다볼 수 있어 행복했다. 잠 못 이룬 새벽마다 좋은 그림책 곁에 두고, 나와 마주 앉아 속 깊은 이야기 나누던 소중한 순간들…. 오래도록 힘이 되어 주겠지. 거듭 고맙고 감사하다.

이제는 헤어질 때. 내 안에서 어떤 목소리가 불쑥 묻는다. 그럼 이제 우리 못 만나? 안 만나? 불퉁한 목소리를 꼭 끌어안고 대답한다. 그럴 리가…. 살면서 그림책 만나는 시간은 계속 이어질 테니, 우리는 다시 만날 거야. 사랑하는 우리는 새로운 길목에서 반갑게, 꼭 만날 거야. 몇 번이나 말했지만 또 다시 새로운 마음으로 고백할게.

그림책들아, 좋아해!
우리, 때로, 다시 만나!

그럼, 안녕! 안녕, 안녕!

작가의 말

마음으로 엮은
이야기 꽃다발 건네며

지나온 시간들을 헤아려봅니다. 2015년 1월부터 2018년 1월까지, 월간 『열린어린이』에 '살며 그림책 만나며'라는 이름으로 연재했던 글들, 드디어 묶여 나왔네요. 당신과 이렇게 만났고요. 고맙습니다. 소중한 인연, 당신에게 꼭 하고픈 이야기가 있습니다.

어느 봄날이었습니다. 첫 연재 글 실린 잡지를 봉투에 담고 우체국에 가서 정성껏 이름 하나를 적었습니다. 기뻤어요. 내 손을 떠난 봉투가 그녀의 손에 닿을 거라 생각하니 가슴이 두근거렸습니다. 그리고 며칠이 지나 반가운 문자를 받았습니다. 그녀한테 온 것이었어요.

나는 새해(2015) 집으로 돌아가 '아내'로 '엄마'로 '나'로 살아갈 것입니다. 그리고 오늘, 오전에 병원 가서 한방 주사를 맞았고 언니와 맛있게 점심 저녁을 먹고 돌아왔습니다. 기차에서 보내는 2시간(편도를 말함) 남짓은 알찬 나의 시간입니다. 오늘은 '헨쇼 선생님께'를 다 읽었어요. 글쓰기를 좋아하는 주인공을 보며 선생님의 과거도 비슷하지 않았을까, 상상했지요. 그러며 아차! 싶었어요. 택배로 온 선물! 잘 받았습니다. 좋은 이웃들과 견과류도 잘 나눴습니다. 돌아오는 기차에서 조금은 피곤했지만 잠들면 더 피곤한 나를 알기에 모자뜨기(대바늘뜨기)를 잡고 발라드 음악을 들으며 돌아왔네요. (중략) 글이 길어집니다. 이만 총총하고 자야겠네요.
"오늘 하루 무엇을 하셨나요?"

그때만 해도 알지 못했습니다. 이듬해 장례식장 액자 속 사진으로 그녀의 웃는 얼굴을 마주하게 되리라고는… 꿈에도 몰랐습니다. 함께할 날들이 많이 남은 줄만 알았어요. 잠시 헤어져 있을 뿐 이내 곧 만나게 될 줄만 알았습니다. 함께한 사진마다 그녀는 웃는 얼굴이었으니까요. 그렇게 밝은 얼굴로 우리 곁에 돌아올 줄만 알았습니다. 그러나 이제 더 이상 우체국에 가서 그녀의 이름을 적을 수가 없습니다. 하늘나라 어디에 있는지 주소를 알지 못하니까요. 그녀가 그리워질 때마다 우리가 마주 앉았던 그 순간, 우리 사이 함께했던 그림책의 이름을 가만히 불러봅니다. 우리 서로 사랑할 때에…….

돌고 돌아 삶은 이어지고, 나는 살아가고, 이 글을 쓰고, 당신과 닿습니다. 언젠가 그녀와 만나게 되겠지요. 우리는 다시 만나게 되겠지요. 어쩌다 보니, 바라고 바라는 마음이 가득합니다. 나에게 바라는 마음, 아이들과 함께하는 어른들에게 바라는 마음, 더 나은 세상을 위해 바라는 마음… 여기 담긴, 그림책 이야기와 엮인 한 다발의 마음… 당신에게 어떻게 다가갈까요.

어쩌면 작고 보잘 것 없는 이야기일지도 모르겠습니다. 부족하기 짝이 없는 이야기일지도 모르겠어요. 그림책이 좋아서, 여럿이 더불어 보고 나눈 이야기, 마음 가는 대로 써 내려간 글들이니까요. 그럼에도 짧지 않은 시간 동안 다정하게 지켜보아 주고 기다려 준 분들 덕분에 세상에 나오게 되었어요. 김원숙 편집장님, 고맙습니다. 금오유치원 아이들아, 고마워. 그림책 나눌 때마다 너희들이 온몸으로 보여 준 말로부터 많은 이야기 씨앗을 얻었단다. 누구보다 그림책 작가 여러분, 정말 고맙습니다! 정성껏 만들어 주신 그림책들이 없었다면 이 이야기들은 태어나지 못했을 거예요. 깊이 감사드립니다.

지금 이 순간, 바라는 마음 새로이 생겨납니다.
그림책에 기대어, 꼭 부르고 싶은 마음이 있거든요.
당신에게 '사랑'을 불러오는 책이 된다면…

생각만으로도 코끝이 쨍- 가슴이 터질 듯 벅차오릅니다.

언제나 잊지 않으려고 합니다. 마음이 있다는 사실을요. 불러야 나타나는 마음이 있다는 사실을요. 보이지 않아 있는 줄 모르고 살다가 뜻밖의 순간, 놀랍게 마주하는 마음이 있거든요. 단단한 일상의 딱딱한 껍질에 쌓여 갑갑해하고 답답해하는 서글픈 마음, 억눌린 마음, 짓눌린 마음, 숨겨 놓은 마음, 너덜해진 마음… 살아가는 동안 생겨나는 갖가지 마음들, 그림책이 아니었다면 놓치며 살았을지도 모르는 마음들, 떨리는 마음으로 당신과 나눕니다.

여기, 이 글들이, 당신을 그림책에게 데려가면 좋겠습니다. 하여, 당신의 마음과 마주하는 시간 안겨준다면 기쁘겠습니다. 미처 몰랐던 마음 불러오고, 다른 누구도 아닌 '나'의 마음과 나란히 앉아 속 깊은 이야기를 나누며, 마지막엔 내가 나를 꼭 끌어안게 된다면… 아, 얼마나 기쁠까요.

2018년 이숙현 마음 나눔

열린어린이 책 마을 12
그림책이 마음을 불러올 때
이숙현 글 쓰고 마음 나눔

초판 1쇄 발행 2018년 6월 15일
초판 2쇄 발행 2019년 2월 14일

펴낸이 김덕균
편집 김원숙, 이지혜 디자인 박재원
관리 권문혁 출판신고 제 2014-000075호
주소 서울시 마포구 월드컵북로 5가길 17 3층
전화 02) 326-1284 전송 02) 325-9941
ⓒ 이숙현 2018

ISBN 979-11-5676-092-4 03810
값 13,000원

* 표지 및 본문 사용을 허락해 준 작가와 출판사에 고마움을 전합니다.
* 이 책은 저작권법에 따라 보호받는 저작물이므로 무단 전재와 복제를 금하며, 이 책 내용의 전부 또는 일부를 재사용하려면 반드시 열린어린이의 서면 동의를 받아야 합니다.